# 花蓮美好小旅行

巷弄小吃×故事建築×天然美景

HUALIEN COUNTY

江明麗 著

# 花蓮美好小旅行

## 巷弄小吃×故事建築×天然美景

HUALIEN COUNTY

文字　江明麗
攝影　籟簫
發行人　程顯灝
總編輯　呂增娣
主編　李瓊絲、鍾若琦
特約編輯　李臻慧
編輯　程郁庭、許雅眉、鄭婷尹
美術總監　潘大智
執行美編　劉旻旻
美編　游騰緯、李怡君
行銷企劃　謝儀方、吳孟蓉

發行部　侯莉莉
財務部　呂惠玲
印務　許丁財

出版者　四塊玉文創有限公司
總代理　三友圖書有限公司
地址　106台北市安和路2段213號4樓
電話　(02) 2377-4155
傳真　(02) 2377-4355
E-mail　service@sanyau.com.tw
郵政劃撥　05844889 三友圖書有限公司

總經銷　大和書報圖書股份有限公司
地址　新北市新莊區五工五路2號
電話　(02) 8990-2588
傳真　(02) 2299-7900

印刷製版　皇城廣告印刷事業股份有限公司

初版　二〇一五年三月
定價　新臺幣320元
ISBN　978-986-5661-26-7（平裝）



國家圖書館出版品預行編目(CIP)資料

花蓮美好小旅行：巷弄小吃×故事建築×天然美景 / 江明麗作. -- 初版. -- 臺北市：四塊玉文創, 2015.03
面；　公分
ISBN 978-986-5661-26-7(平裝)

1. 旅遊 2. 花蓮縣

733.9/137.6　　104001793

SAN YAU
http://www.ju-zi.com.tw
三友圖書
友直 友諒 友多聞

## 自序

# 繽紛花蓮
## 讓人心動在山光水色、人文情懷與美味小吃之間

在台灣，總有幾個想去的地方，當舌尖吐出那裡的字眼時，是期待，是歡快，是一種無拘束的奔放，可以短暫離開擁擠的人潮，車馬的喧囂，以及閃閃爍爍的人工霓虹，這些個地方，有一個名字，叫作花蓮。據說，花蓮以前稱作多羅滿，這是西班牙人取的，喻為閃閃發亮的地方，據說，也叫做奇萊，是因為很久以前曾經是居住著原住民撒奇萊雅族(Sakiraya)，但是，花蓮最被人知道的舊稱，叫作洄瀾，這是漢人取的名，他們望著河流與海水相會激起的浪花迴繞而有這樣的稱謂，幾百年過去，住民幾批遷徙，太魯閣依舊矗立，中央山脈與海岸山脈依舊環護著這片淨土，縱使交通依舊不便，旅人們喜歡往花蓮跑的腳步依然不停。

花蓮的狹長地型，讓遊客從南到北得花三個小時的車程，長途路線因為有漂亮的縱谷風光與東岸濱海美景，使得原本惱人的長途行程變成絕佳的因素，二天、三天，甚至一個星期，在花蓮永遠不用擔心無聊，嘴饞了，大街小巷都是可口的點心小吃，榕樹下麵店的乾麵、黑白切，四八高地花枝羹的爽脆花枝，永遠得排隊才能吃上一盤的海埔蚵仔煎，還有CP值超高的米噹烤肉……每一處都是齒頰留香的好選擇。

花蓮的好，很難定調，這本書列了六個主題，透過六十個景點與店家，去看見花蓮的現代之美，「美好旅宿」有不同風格的民宿與旅店呈現，「故事建築」藉由一些老宅空間，回味老花蓮的時光，「迷人風光」單元可以看遍花蓮的好山好水，「巷弄小吃」則滿足旅人的脾胃，嚐遍大江南北的好料，「饕客餐館」有異國料理與香醇咖啡館羅列，可以看見花蓮的餐飲漸漸邁向時尚風格化，想買特產，就閱讀「伴手禮好食帶著走」吧，有鳳梨酥，有花生糖，有麻糬還有沙其馬，想要花蓮的旅遊回憶有完美的Ending，記得提上幾袋花蓮特產好回家慢慢品嘗。

# CONTENTS

## 饕客餐館

## 迷人風光

## 巷弄小吃

【本書所有餐飲住宿價格僅供參考，實際請以店家公布為主。】

## 故事建築

## 美好旅宿

## 伴手禮 好食帶著走

# 在地人推薦

在地人的生活哲學，
用心守護著這片土地，
隨著他們的引領，
讓我們一探花蓮的美好。

迷路私宅料理
Sabine
P.008

部落客
跳躍的宅男
鄭重生
P.009

花蓮天晴‧Home 青年民宿
阿銘
P.010

# 花蓮的美，在他們跳躍的心尖

家鄉故居總是牽動著感情的脈搏，除卻那一份孺慕之情，更多喜愛的理由——是美景，是風光，是街頭巷尾那親切的問候，也是老物舊宅洗鍊歲月的沉穩時光。花蓮的美，有在地原生者的守候；這幾年，多了一群嚮往這處寧靜天地的島內移民的青睞，在他們的眼裡，花蓮的珍貴，就在絲絲寸寸的體會之中，向外地遊客們娓娓道來。

立德布洛灣山月邨
邨長
鄭明岡
P.010

百年傳奇
賴鎮宇
P.011

海傳民宿
古寶珠
P.012

花見幸福莊園
姍姍
P.013

## 迷路私宅料理——Sabine

Sabine是台北人，因為花蓮清新的空氣可以舒緩她的過敏體質，於是帶著老公孩子在二年前落腳翠綠圍繞的縱谷田園，買了一棟老房子，在她的指揮下，成為一間有著歐洲鄉居味道的居所，老公Ian擅長料理，所以物盡其用的，兩夫妻經營起一間私宅料理，為遠方到來的遊客，用地中海家常烹調方式，讓花蓮的在地食材有不同的品嘗方法。

沒有客人訂餐的時候，Sabine種種菜，養養花，偶爾接一些文稿，日子過得舒暢愉快，她心目中的花蓮之美，都是從鄰里周圍開始，所以，她會介紹客人去買味萬田的豆漿、豆花，去逛江玉寶有機農場，買上一盒山苦瓜健美茶與新鮮百合，對於吃食，Sabine盡量講究純天然、無毒以及自然農法培育出來的美味。花蓮小吃方面，他們一家子要求口感，因此朋友一來拜訪，口袋名單裡的海埔蚵仔煎、戴記扁食，還有榕樹下麵店就會一一上呈。熱鬧的夜市也偶有他們的足跡，自強夜市裡的**Dopo Hill Pizzeria手工柴燒披薩**是他們喜愛的選項，有時想試試異國口味，小兩口就會去解解饞。風景方面他們不免俗的跑過不少熱門景點，但都是選在人潮較少的時候，例如七星潭，例如雲山水，黃昏時節或清晨時分更加迷人，最近，他們發現**大農大富單車道**的迷人魅力，準備尋一個閒暇時光，好好體會單騎御風的快感。

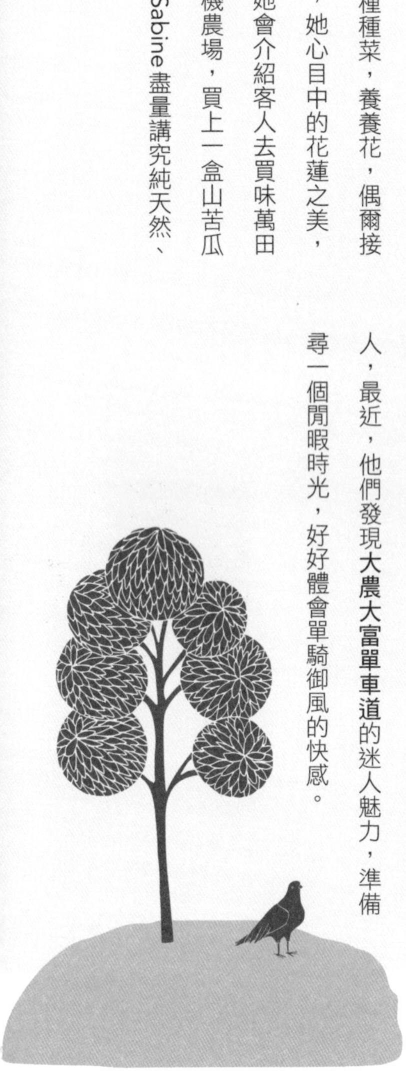

在地人推薦

# 部落客 跳躍的宅男——鄭重生

要論瘋狂喜愛花蓮的心情，大概沒人比的上知名部落客跳躍的宅男鄭重生，這位以堅實的行動力，親自走遍花蓮大街小巷，一家家品嘗花蓮美食，然後書寫自己想法的花蓮居遊客，其實也是一位從台北移居到花蓮的島內移民者，多年前因為工作關係到花蓮述職，面對琳瑯滿目的餐廳招牌有不知從何吃起的茫然，金牛座的個性決定靠自己，就這麼一家一家吃起來，並且開了一個部落格，忠實表達吃食感想，幾年下來，吃了不下數百家，寫了不下數百篇，逐漸成為具有公信力的美食部落客，許多人到花蓮之前，都會去他的網頁取經，不過他也因此讓身上的肉多了三十公斤，真正累積一身甜蜜的負荷。

跳躍的宅男也把自己的美食地圖印製出來並且提供索取，去年還與家扶中心合作參與公益，只要捐款一百元，就能獲得一張美食地圖，所得款項都匯入家扶中心「無窮世代」抗貧計畫，地圖不到二週就被索取一空。跳躍的宅男心中的花蓮之美，是一道道在地美食，他的口袋名單多不勝數，但總有幾家是真愛，包括**松賀家無菜單料理**、**瑪丁娜印度小館**、**米噹烤肉**、**伊江泰式料理**、**月盧梅子雞**等等，美景部分他推薦**慕谷慕魚**、**東華大學**、**瑞穗牧場**與吉安鄉的**楓林步道**，這些，都是宅男親自吃過走過，值得一一嘗試。

## 花蓮天晴・Home 青年民宿——阿銘

年輕的阿銘，把花蓮當作自己實現夢想的地方，很久以前她就想開一間自己的民宿，在台東天晴取經之後，花蓮天晴・Home青年民宿就在他親力親為下，成為一間背包客住宿名單的首選，加上民宿裡特別闢了一個空間作為單車修理站，因此，民宿的住客除了有不少獨闖天涯的獨身旅行者，也招待過一大批騎車環島的勇腳客。

阿銘不是花蓮人，但是他已經把花蓮當自己的第二故鄉，他曾經以慢跑馬拉松的方式，一步一腳印細細品味太魯閣的峽谷風情，有時會騎著他的小BIKE，只是單純的在民宿後方的河邊堤防踩踏，享受花蓮輕盈的風，吃食方面他沒有太多私房名單，不過近期興起的早午餐到是有幾家推薦，包括**老字號早午餐店花朵木**，或者是**Country Mother's**，是儲備一天活力泉源的不錯選擇。

## 布洛灣山月邨 邨長——鄭明岡

山月邨有三十二間房，格局上屬於飯店，但是接待上卻近似度假村，甚至是民宿，沒有一般飯店給人制式化的感受，在老客人心中，這裡，更像是一處安置在遠方的自家別墅，可以提供繁忙的工作之餘，一段放鬆與閒暇的時光，而這樣的自在，全都是邨長鄭明岡歷經十年一步步打理起來的成果。少年時期住過新竹五峰，那時有不少朋友同學是當地的原住民，長期相處下來，對於泰雅族的純樸天真印象深刻，所以後來有機會接觸山月邨的經營，讓邨長對於泰雅族分支出來的太魯閣族有更多的想法，透過特意安排的餐食，精湛的晚會表演，布洛灣山月邨就是一處讓觀光客深刻認識太魯閣族文化與精神的天然園地，都是邨長心目中不可替代的花蓮之美。

# 百年傳奇——賴鎮宇

以文創行銷推廣花蓮傳統特產，讓賴鎮宇用百年傳奇這個品牌做為基地，希望透過精緻的設計與包裝，讓已經為人所遺忘的、幾十年前的花蓮美味，再度受到觀光客的喜愛，所以，百年傳奇門市裡的產品，不是特產激戰區中華路上眼花撩亂的麻糬、鳳梨酥，而是麻花捲、沙其馬、花生糖以及蜜香紅茶，七家老品牌都是賴鎮宇一個個談下來的合作案，每一家店的來源或歷史背景，他都能朗朗上口，好似其中的一份子，從言談間也能感受到他那份希望提攜老品牌競爭力的執著與熱情。

這樣的熱情來自於他身為花蓮在地人的原生基因，即便他曾經在五光十色的台北都會遊刃有餘，回到家鄉之後那份斯土斯情輕易的掩蓋了過往的繁華而沉澱，也讓身為花蓮子弟的他能繼續一如既往的為家鄉奮鬥。繁忙的工作讓往來門市與製作工廠間的賴總沒有太多時間走訪花蓮的好山好水，但推薦幾家好吃的餐館也可不遺餘力，他的美食名單包括**九福餡餅粥**、**周家蒸餃（特別指明要花商店）**、**冀家小館**、**標記小館**、**魯豫小吃**，到了花蓮記得找時間嘗嘗。

# 海傳民宿——古寶珠

如火如荼開了二館的古姐，在民宿客人眼中，是有著親切笑容的主人，不是刻意的熱情，把住客當朋友家人招待，這樣的貼心，讓海傳不僅僅在國內遊客的心中占有一席之地，連星馬或是大陸的旅客，都知道要看花蓮海景，必須得住海傳，這樣的支持度除了來自於絕佳的地理位置，還有一些細心的服務，譬如特別打造的電梯設備讓客人不用費力提取行李往來樓上樓下，譬如隔日的早餐可以吃到新鮮的水果，還有排隊才吃得到的公正包子，當然，餐廳櫃檯上一定會有一整列滿滿的各式水果，客人隨意取用，無需付費。

有了新館的古姐沒有更忙，或許是民宿的營運已經上了軌道，且游刃有餘，或許是以往因為事忙忽略的花蓮之美而不想感到遺憾，所以這兩年她開始踏片花蓮的知名景點，看過**六十石山**與**赤柯山**的八月金針花之美，走過**太魯閣的白楊步道**，也去過近期很熱門的**鯉魚潭抓蝦**行程，跟著她的腳步，可以由不同的眼光，以新的角度，遊玩花蓮的老景點。

## 花見幸福莊園——姍姍

花見幸福民宿是姍姍的夢，這個夢做了八年，後來終於成型，一處有著綠樹、湖塘以及亮麗鵝黃外觀建築的家宅天地，讓愛交朋友的姍姍可以大聲的說；歡迎來我家作客。性格活潑，很會聊天的姍姍是民宿的主人也是接待主力，成立初期與老公一起經營既忙且累，後來請了一個可愛的大男孩當管家，身上的重擔才稍稍輕了一點。

在姍姍心中，花蓮的美無處不在，而要一眼望盡，吉安鄉的楓林步道可以欣賞到純粹的田園風光，楓林步道略高的地勢能俯瞰吉安的大部分景致，尤其在清晨的時候，萬籟俱寂，宛如化外仙境。特產或吃食方面，姍姍推薦的名單肥水不落外人田，是媽媽經營的「**佳興冰果室**」，這裡自製的檸檬汁口感一絕，特產方面她喜歡「**提拉米蘇**」的**起司糕點**，民宿的下午茶也有免費提供，另外**郭榮市的火腿**值得做為辦手禮打包帶回家。

Chapter 1

# 饕客餐館

褪下繁雜的心靈，
找一間可以暫時休憩的餐館。
異國料理、藝文咖啡館、日式居酒屋……
享受著品味、視覺、味覺兼具的飲食文化後，
繼續開展下一場旅程。

028

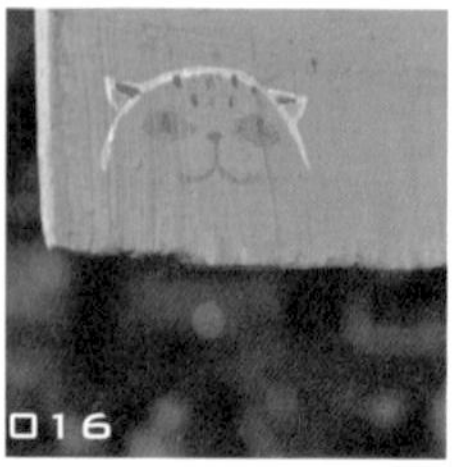
016

048

038

030

040

024

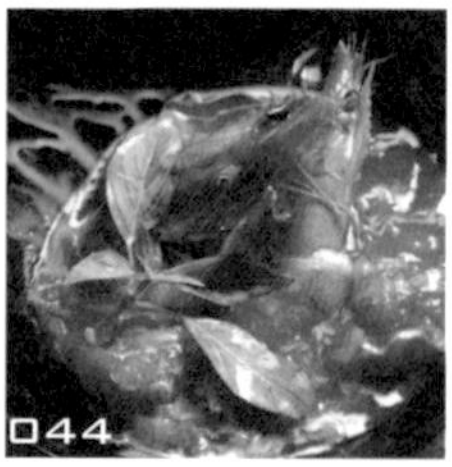
044

054

034

020

01

# Giocare 義式。手沖咖啡

## 老屋庭院裡品味自在慵懶

## INFO

地址：花蓮市樹人街 7 號

電話：0980-917-424

營業時間：13：30 ～ 20：00，週三、四休

費用：手沖單品咖啡 100 ～ 150 元、拿鐵 80 元、手工蛋糕 80 元。日曬耶加 1/4 磅 500 元、哥倫比亞 Antioquia 區冰谷莊園水洗豆 1/4 磅 200 元

網址：sites.google.com/site/giocarecoffee；www.facebook.com/giocare.cafe

不到十坪的庭院，擺著五、六張桌椅，Giocare 給人一種隨性自在的氛圍，沒有精緻的設計，卻在幾張桌，幾杯飲的過程中，退去了城市既有的緊張感。這裡的咖啡，好喝；這裡的甜品，好食。所以，到了花蓮，不要忘記走一趟花崗山，試試 Giocare 的閒散時光。

Giocare，乍看這樣的店名，會以為與地球環境保護有一點點關係，與主人聊起，才知道 Giocare 來自於義大利文，譯成中文有「玩」與「播放」的意思。

Giocare 二〇〇九年開始營業，是由兩個小女生一起打理，范暄擅長烘咖啡豆，Sera 是燒製陶藝的好手，店裡的器皿大部分都是她的作品，兩個人從西岸過來，越過高聳的中央山脈，落腳在後山花蓮，問起她們移居這裡的理由，答案就跟她們給人自在、隨和的態度一樣，喜歡也不一定要有什麼理由，看對眼就選擇花蓮了。

這裡原本只是單純做為陶藝工作室而買下，後來才在庭院裡擺上幾張桌椅，與客人分享自家店裡烘的咖啡豆香。工作室是一棟超過六十年屋齡的老房子，帶有濃濃和風，據說曾是作家孟東籬的居所，房子因為是工作室的關係，品咖啡的客人不方便進入，不過光是戶外這處小小的庭院就足夠讓人歡喜入座，一邊聆聽慵懶的音樂，一邊喝咖啡、嘗點心了。

## 自家烘焙莊園豆，獨一無二的口感

這裡的咖啡有手沖單品，也有義式口味，豆子多是南美或非洲的莊園，如哥倫比亞、衣索比亞等等，坊間小品咖啡館常用的耶加雪非在此也可以看到，比較有趣的是，客人選豆子可以直接到櫃檯挑選，一個個用小玻璃瓶分裝起來的咖啡品項一目了然，這種包裝方式很特別，就連瓶子上標示價格的牌子也是陶燒品，相當方便客人選購。

如同咖啡是自家烘焙，這裡的點心也是手工製作，因為每日供應的點心不固定，因此使用活動磁鐵當作點心牌子使用，當然，質材也是陶製。Giocare的甜點非常可口，與咖啡搭配更是良伴，招牌是布朗尼，濃郁的巧克力香與杏仁片散發成人喜愛的風韻，有別於一般常見的布朗尼做法；罌粟籽蛋糕帶點酸酸甜甜的滋味，罌粟籽的顆粒含在嘴裡有一種啵茲啵茲的爽快感，是很獨一無二的甜品。

ABOUT GOODS

### 具有手作溫度的陶藝器皿

店內每個角落的陶藝品，幾乎都來自店家主人 Sera 的巧手，陶瓷帶給人的溫度也讓來往的客人對這間小店充滿舒適溫馨的感覺，下次來到這裡，除了品咖啡、食點心之外，別忘了好好欣賞這些陶藝作品。

02

# 花朵木餐廳

## 花蓮市人氣早午餐小館

**INFO**

**地址：**花蓮市廣東街 65 號（不接受預訂）

**營業時間：**08：00～20：00

**費用：**雙色起司牛肉堡 180 元、起司豬排堡 170 元、木碗沙拉可頌套餐 160 元起、歐姆蛋捲 140 元起、咖哩飯 140 元、手工奶酪 40 元、馬鈴薯沙拉 50 元

**注意事項：**禁煙、禁外食、禁打牌、禁寵物

搬了新家，花朵木有了大大的落地玻璃窗，客人們最喜歡坐在窗邊享受著和煦的陽光，點一份雙色起司牛肉堡或者是櫻桃鴨胸沙拉可頌，從上午十點坐到中午，划划手機上網，看看八卦新聞，一派愜意慵懶，優閒自在。

西部的都會城市流行週末假日來頓早午餐，為得是可以賴一下床，所以台北、台南大街小巷都是早午餐餐館，後山花蓮以優閒步調聞名，不過受到西部都會旅人的影響，近幾年也開始了早午餐風潮，其中生意最好的就屬花朵木餐廳，原本開在博愛街，但是空間太小，後來一年多前搬到廣東街跟中福路口，面積大了二倍多，生意照樣搶搶滾。

花朵木餐廳主打各式早午餐，以美式餐點為主，不管是漢堡類還是歐姆蛋捲，喜歡的大有人在，若是喜歡可頌麵包的話，也可以點選可頌三明治套餐，櫻桃鴨胸沙拉可頌跟塔塔醬雞肉可頌是招牌。歐姆蛋捲有六種口味，德國香腸歐姆蛋捲很受歡迎，另外還有煙燻鮭魚以及培根口味。點心方面手工奶酪跟馬鈴薯沙拉可以單點，價位都很平實。

## 美式小餐館空間，營造優閒氛圍

比起餐點來說，花朵木的設計空間更讓人喜歡，用不同的桌椅劃分出一個個獨立座位區，整個感覺走優閒的美式小餐館風格，在這裡可以體會發呆、慵懶的時刻。離大門最遠的A區有大型的長桌，很像辦公室的工作桌，工業風味道的檯燈搭配木桌很有工作室的氛圍，緊鄰的高背座椅區一格格，有點像美國電影裡常見的路邊巴士餐廳，隨時有女侍者問你要不要加點咖啡，不過在花朵木採自助模式，咖啡、紅茶、番茄醬自己加，飲料無限暢飲，這點很貼心。

ABOUT FOOD

### 招牌的美式風味

餐廳招牌是雙色起司牛肉堡，漢堡肉紮實有咬勁，搭配濃郁的雙層起司，口感扎實、風味絕佳，喜歡美式漢堡的饕客絕對不能錯過。

03

# 咖啡月

## 感覺咖啡豆的生命和情緒

### INFO

地址：花蓮市復興街 65-2 號

電話：0921-196-059

營業時間：週三到週日 13：00～21：00

費用：卡布奇諾 100 元、法式吐司、鬆餅 180 元、冰特調拿鐵 160 元起、焦糖康寶藍拿鐵 150 元起

一間倉庫，不到五坪，卻在老闆淺野先生的巧手下，變身為一間很有日本味道的咖啡小館，在這裡，愛喝咖啡的主人不僅僅讓人品了好咖啡，也在他的敘述中，感覺到咖啡豆的生命和情緒。

咖啡，如同葡萄酒一樣，投入其中，也是一門值得深入探討的飲食學問，兩者的不同點在於前者平易近人，不用花大錢就能感受到其中的美好，所以大街小巷咖啡館林立，有一些是為了賣咖啡而開，有一些則是為了愛咖啡，並希望與之同享而開，淺野先生位在花蓮市寧靜小區裡的這間咖啡月，就因為這樣的理由而存在。

淺野先生算日籍華裔，在日本成長，念書，所以周身的氣質與喜愛的事物，不脫濃濃的大和民族風，親切有禮且讓人如沐春風，不管是談到他喜愛的咖啡還是個人的經歷，與他聊天的客人都感覺像是與朋友對話，沒有一般咖啡店主人的距離。

他從日本回到花蓮，住了十六年了，結了婚，有了一個就讀國三的兒子，店裡的裝潢，除了咖啡香之外，所有的陳列品都是他生活的軌跡，譬如牆角的吉他，入口處擺放著老舊單眼相機的玻璃櫃，還有放在一旁的老唱盤以及幾十張西洋或日文歌曲的唱片，客人在品咖啡之餘，總愛跟他聊聊這些放在店裡的東西，熟悉之後才知道他也是一個多才多藝的咖啡店老闆。

## 認真對待沖泡咖啡與品咖啡這件事

愛咖啡的人不少是不甘只會喝，還要進階到自己烘豆子，淺野先生也是這樣一路走過來，所以店裡的咖啡用

的都是老闆親自烘的豆子沖成，有單品，也有義式咖啡，不管是近幾年流行的耶佳雪菲還是瓜地馬拉，店裡都有提供，當然，一種咖啡豆一百個人烘出來的味道就有一百種，所以，在這裡，喝的就是咖啡月專屬的美味。

台灣人被大大小小的速食咖啡館訓練的失去了欣賞咖啡萃取過程中的美好時光，這點遺憾，可以在淺野先生專注於沖煮咖啡時得到彌補，或許是受到日本教育的影響，做每一件事都很專心，連帶著品一杯咖啡的情緒也認真了起來。老客人很喜歡看著老闆現場煮咖啡的過程，得空時也會聊一聊咖啡經，即便是拿鐵，也能在他淺顯易懂的順序裡，重新認識這一門咖啡的學問，這也是咖啡月讓人覺得與眾不同的地方。

RECOMMEND

**朝聖般的沖煮精神**

淺野先生店裡的咖啡豆都是親自烘焙的，尤其他對咖啡的喜愛和尊重，從沖煮咖啡時就可以看得出來，所以看他在沖煮咖啡就像欣賞一個儀式的完成，很莊嚴，很隆重，因此更讓人想要慢慢的細細品味這專屬於咖啡月的咖啡。

04

# 亞羅珠麗 ARROW TREE

## 來自日本的夢幻水果蛋糕塔

## INFO

地址：花蓮市中華路 144 號（花蓮創意文化園區內）

電話：03-835-8258

營業時間：週一到週四 11：00 ～ 22：00

週五到週日 10：00 ～ 22：00

費用：風味紅茶 70 元、蒙布朗蛋糕 220 元、草莓藍莓塔 250 元

草莓、藍莓塔各 200 元，甜點 200 元以上飲料可 5 折

網址：arrow-tree.com

原本是日本神戶人氣喫茶店，來到台灣一樣受歡迎，他們堅持用新鮮水果製作美味蛋糕，也是因為祖上是兵庫縣蔬果批發商，知道水果與糕品可以有完美搭配，飄洋過海，越過中央山脈之後，花蓮人也能品嘗這種極致美味了。

常在台北「走跳」的都會小姐們，聽到Arrow Tree應該會開始冒著甜心小泡泡，因為這個從日本來的知名甜品店進駐台北阪急之後，成為很夯的下午茶休憩點，最大的吸引力當然在於他們一份份用新鮮水果裝飾、宛如寶石般絢麗的水果蛋糕塔，讓名媛仕女們趨之若鶩，而這樣的優雅，居然在花蓮市出現，Arrow Tree進駐花蓮文創園區，在老建築裡為花蓮在地人與各方旅客獻上無法忘懷的甜蜜滋味。

Arrow Tree花蓮店落腳在文創園區的4號建築，開店大約一年時間，這裡曾是酒精倉庫與公賣局員工餐廳，始建於一九二九年，改建於一九三八年，甜品店的空間設計有別於台北的華貴，散發著簡約風格，刻意裸露天花板的木頭橫樑，讓人可以一窺這棟老建築的原始風貌。

來這裡唯一的目的當然是品嘗美味蛋糕，店裡的人氣產品包括蒙布朗蛋糕，草莓藍莓塔，或者是草莓、藍莓獨具一格的蛋糕塔，看著山一般高的鮮豔草莓，或是閃耀著寶藍色澤的藍莓堆在酥脆的底座糕餅上，光看就讓人不斷流口水。Arrow Tree飲料也很講究，招牌風味紅茶用來自斯里蘭卡一千二百公尺高的努瓦納艾利所採的茶葉，沿用古法將水果香氣燻製到茶葉當中，讓茶葉透著果物的芬芳氣息，最受歡迎的口味有蘋果、葡萄跟水蜜桃。

ABOUT FOOD

### 來自東亞與南亞的絕妙組合

店內美味蛋糕中的碩大草莓，都是進口於日本福岡知名的あまおう草莓，口感鮮嫩欲滴；除了品嘗新鮮水果堆砌出的蛋糕外，別忘了點一壺來自斯里蘭卡的努瓦納艾利所採的茶葉，所烘焙成擁有特殊水果香氣的紅茶，然後盡情享受沉浸在甜點的美麗世界。

05

# 珈琲鋪子

## 一間充滿咖啡香的舊鋪子

### INFO

地址：花蓮市節約街 8 號

電話：03-832-2575

營業時間：10：00～21：30

費用：斑斑咖啡 90 元、拿鐵 90 元起、單品咖啡 100 元起、早午餐 150 元、下午茶 160 元，燉飯、義大利麵 210 元

網址：kamnlin.wix.com/seacoast610

詩人楊牧父親的印刷廠，有八十年歲月的古風韻，輾轉在書香之間，從飄散著油墨香到舊書鋪，以至於現在成為瀰漫咖啡香的珈琲鋪子，讓花蓮人又多了一處品味咖啡風情的空間。

一家咖啡館有領取義大利咖啡師證照的老闆坐鎮，那要品到好咖啡的機會鐵定百分之百，張耿嵩是花蓮珈琲鋪子的老闆，也是花蓮台灣觀光學院的指導教授，更是領有多張咖啡專業證照的 Barista，熟悉的朋友都習慣叫他張尼可，二〇一四年九月十四日，選定了舊書鋪子的店址重新裝潢改做咖啡館經營，不僅為花蓮人提供一處可以喝上一杯好咖啡的地方，也為台灣觀光學院相關科系的學子創造一個可以練手的機會。

珈琲鋪子所在地是一間有著八十年歷史的老房子，這裡最早是詩人楊牧父親楊水盛開設「東益印書館」的廠

房，楊牧的第一本詩集《水之湄》就是在這裡出版印製，當然也少不了楊牧幾個兄弟們在這裡幫忙穿梭的身影。後來印刷廠結束，一度出租給知名二手書店舊書鋪子經營，最近才由張尼可承接改為咖啡館。

## 自製烘豆機烘焙出好味道

特意讓老屋天花板的老木橫樑裸露，珈琲鋪子的空間除了寬敞之外，還能看到老屋原有的建築架構，經營者沒有太花俏的裝潢，但是對於介紹咖啡相關知識給客人的想法還是看得出來，例如櫃檯上擺著各種烘焙過的豆子，還有各個莊園的咖啡豆麻袋，最特別的是客人能親眼看到工作室裡烘豆子的過程，這裡的烘豆機有不少是老闆張尼可本人的傑作，沒有課的時候他也會在店裡坐鎮，有興趣了解咖啡常識的客人不妨跟他聊聊。

店裡的工作人員都是台灣觀光學院的學生，所以沖泡出來的咖啡有很高的技術含量，單品咖啡來自各地知名的

莊園豆，包括中南美洲、祕魯、薩爾瓦多，當然也少不了衣索比亞，義式咖啡也是不可錯過的美味。店裡的招牌是斑斑咖啡，屬於義式咖啡口味，老闆多加了一點自製柑橘露的調味，奶泡上加了檸檬皮末，帶點酸甜滋味，是喜愛花式咖啡的朋友可以嘗試的一樣。店裡也供應早午餐與燉飯、義大利麵等輕食主餐，有機會走訪記得進來品一品專業的咖啡味。

ABOUT GOODS

### 「換屋計畫」中的大鳥斑斑

店裡最顯眼的裝飾品就是一隻大概一人半高的大鳥，看起來有點突兀，其實還有一段故事。這隻鳥是黑眼睛跨劇團在作品「換屋計畫」與「華格納革命指環」裡的大型道具，名字叫斑斑，因為劇團沒有太大的空間容納，決定忍痛割愛，張尼可看到訊息立刻願意提供空間給斑斑一個新家，於是乎珈琲鋪子便是斑斑的落腳地，也讓花蓮市民有機會常常看到斑斑的身影。

06

# 邊境法式點心坊

## 跨過無形邊際線 品嘗法式甜點幸福味

### INFO

地址：花蓮市明智街 73 號

電話：03-831-5800

營業時間：週日到週四 11：00 ～ 20：30
週五到週六 11：00 ～ 21：30，週二休

費用：金黃羅浮 100 元、法式手工冰淇淋一球 80 元、
馬斯洛三角形 130 元起、焦糖鹽花閃電泡芙 130 元、
Lov Organic 有機茶 130 元起、馬卡龍一個 50 元、
覆盆子香草千層派 110 元

一個花蓮子弟親赴法國學習正統甜點製作，回到家鄉後開了這一家有著法國幸福味道的點心坊，不僅僅吸引了在地人，也讓外地客趨之若鶩，每一種甜點都有著堅持，堅持讓客人入嘴的每一口都能心滿意足。

第一次吃甜點產生糾結的情緒，大概是每一位站在邊境法式點心坊甜點櫃前客人的心聲，每一個甜點長的漂漂亮亮，像服裝秀上T台的模特兒，美麗地讓人目不轉睛，幾分鐘後下了決定，腦袋裡響起的答案就是：多來幾趟，吃遍所有甜點，這樣才不會有遺憾。

邊境法式點心坊是花蓮市這二年很火紅的甜品店，老闆賴慶陽在二年多前開了這家純正法式甜品店，之前還在法國國立高級糕點學校 ENSP 學習，把地道的法式甜點味道帶回台灣，為了更扎實自己的技巧，也在法國境內

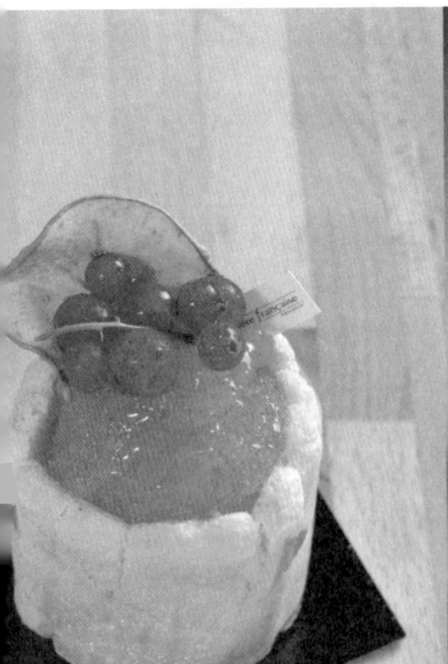

的糕點店實習過，擔任甜點助儲的工作，也曾擔任台北知名甜點餐廳瑪哥尼尼 (Pierre Marcolini) 的甜點主廚。

之所以將店名取為邊境，除了因為他曾在法國邊境小鎮安那馬斯待過，跨越邊境線的另一端就是瑞士日內瓦，這樣的觸感讓他想把千里之外的好味道引進花蓮，無形的邊境線就讓每一位品嘗邊境甜點的客人自己發覺吧。

## 閃電泡芙與馬斯洛三角形令人垂涎

點心坊的空間設計簡約中帶著優雅，但是吃甜點品下午茶最好的氛圍還是人客稀少的時間，如果時間許可，建議不要假日來，選個週一、二的午後會有意想不到的安靜時刻。店內的甜點會不斷推陳出新，首次來建議先嘗鎮店之寶，焦糖鹽花閃電泡芙、覆盆子香草千層派、馬斯洛三角形、金黃羅浮檸檬塔……每一種都是誘惑。

閃電泡芙製作費時，得花上三天，焦糖與海鹽的搭配讓這款點心有甜中帶鹹的滋味，馬斯洛三角形是百香果風味的完美呈現，有起司蛋糕、乳酪慕斯的雙重口感，下層的沙布列脆餅更讓人驚喜。

ABOUT FOOD

### 歐盟認證有機茶

Lov Organic 有機茶是店內特別提供經由歐盟認證的茶品，讓如同精緻藝術品的甜點搭配上這款法國的茶品，一口茶一口甜點，就是讓人笑顏逐開的幸福滋味。

07

# SALT LICK 火車頭道地美式烤肉屋

## 純正美國西部風味的烤肉餐廳

### INFO

地址：花蓮市中山路 147 號

電話：03-833-2592

營業時間：11：30～15：00、17：00～22：00

費用：漢堡套餐 150 元、堪薩斯城豬肋排 425 元、
手撕豬肉漢堡 210 元起、德州牛胸肉漢堡 260 元、
水牛城辣味雞翅 175 元、現做鮮脆薯 75 元

網址：www.lickbbq.com

圖片提供／Sabine

這裡的烤肉用龍眼木木炭煙燻，烤肉架還是老闆特別製作的火車頭模樣，兩個來自密西根的大男孩除了教花蓮的孩子學美語，也把家鄉的BBQ美味好料分享給後山所有的好朋友。

花蓮的好山好水，很容易吸引外地的住民落腳在此，這當然也包括了SALT LICK火車頭道地美式烤肉屋的二位外籍老闆傑森與班傑明，傑森與班傑明本來在教授美語，都是來自美國西部的大男孩，對於地道的家鄉味美式烤肉念念不忘，所以，在二〇一三年決定開立一間供應純正美式烤肉的餐廳，名稱就叫火車頭。

為了重現西部粗獷的氛圍，老闆用西部主要元素裝潢餐廳，之所以叫火車頭，在於老闆自製了一個火車頭烤箱，所有的烤肉都是在這裡烤製，而西部牛仔手槍、皮鞭、馬蹄鐵與扁型水壺安靜的放置在角落，室內牆壁上還貼了懸賞捉拿犯人的告示，很有西部電影場景的FU，讓人覺得下一秒就可能看到約翰·韋恩推開門走進來。

這裡的招牌是漢堡與各式烤肉，烤肉都是採用煙燻做法，帶著濃濃的炭香味，而且烤肉人氣料理有德州牛胸肉漢堡、堪薩斯城豬肋排以及手撕豬肉漢堡，喜歡啃雞翅的話可以試試水牛城辣味雞翅。牛胸肉漢堡用少許的鹽、胡椒與辣椒調味，手撕豬肉漢堡的豬肉就是用龍眼木燻烤十二小時後，再以手撕夾在漢堡裡面，特調的卡羅萊納醬料讓豬肉有不一樣的風味。漢堡或套餐搭配的生菜或馬鈴薯也很有料，馬鈴薯現切現炸，用的還是有機栽種品種，生菜沙拉酸酸甜甜，這些都可以單點也能搭配套餐。漢堡餐價格較高，想要省錢的話，每天中午提供的漢堡套餐特價150元，是撿便宜的好時段。

08

# 老時光燒肉酒肴

## 熱情洋溢，青春歡笑居酒屋

### INFO

地址：花蓮市民國路 88-1 號

電話：03-831-5848

營業時間：17：30 ～ 01：00

費用：手工大甲炸 120 元、松阪豬串燒明太子醬 90 元、雞軟骨 50 元、招牌麻辣牛肉麵 150 元、烤飯糰 50 元、日式壽喜燒 160 元

網址：www.facebook.com/pages/ 老時光燒肉酒肴

淺嘗一口溫熱的清酒，通身的舒暢會讓人放鬆，在這裡，有吃不完的好料，有總是充滿活力的服務人員；雞肉唐揚酥爽脆，明太子串燒軟嫩香辣，每一種搭配的小品好菜，都值得讓人一再回味。

一個偶然的回首，老時光燒肉酒肴的主人之一焦焦，看中了這棟有著鐵鏽圓形窗花的老屋，然後啟動了她想在老建築裡開一間居酒屋的念頭，如同她在宜蘭羅東經營的民宿「小時光」一樣，這間居酒屋注入著純粹的和風，推開門，杯觥交，歡樂舉箸的現場氣氛，總能讓人回想起那段在東京巷弄裡，與朋友窩在居酒屋談天的時光。

喜歡老東西讓焦焦珍惜經過時間淬鍊的古物，所以她讓老時光的空間保留舊有的屋頂木架橫樑，可以讓人一眼望盡老建築原有的風貌，牆面用二手木頭裝潢、牆柱上一個個圓孔洞也透露出這是舊電線桿的樣貌，搭配此起

彼落的「いらっしゃいませ」（歡迎光臨），氣氛總是熱烈。

日本居酒屋是同事、朋友聚會的好空間，在老時光，這樣的族群自然也最多，要凝聚店家與客人之間的感情，老時光的外場工作人員奉獻了十足熱情；其中的招牌台柱是店長拓也哥，以他瞬間變換男聲、女聲來介紹菜單的本事，擄獲不少客人的心！

## 不可錯過炭烤中卷、手工大甲炸

好吃的料理是老時光吸引客人的主因，看著開幕快二年仍舊生意興隆的樣子，可以想到老闆在各種佳餚下的功夫。炸物、烤物、串燒還有火鍋是店裡的人氣主推；炸物裡，手工大甲炸、雞軟骨還有雞肉唐揚不可錯過，手工大甲炸用飽滿的大甲芋頭做成芋泥餡再油炸，咬一口卡滋卡滋，口味特棒。

烤物方面，炭烤中卷與淺漬鯖魚因為食材新鮮，可以嘗

到火烤後海鮮的原味。串燒料理就得推薦松阪豬串燒明太子醬，或者來一份最盛串燒組合，這是由六種蔬菜如香菇、豬、羊、雞、牛組合而成，就是囊括店裡最招牌的各種串燒主角了。

店裡進口的日本好酒不少，有大吟釀、純米大吟釀，不過最受歡迎的是豪邁大氣的啤酒，配上串燒小品就是一個放鬆的夜晚。當然，點些炒物如泡菜炒松阪豬、牛肉壽喜燒、沖繩炒苦瓜，再叫幾份烤飯糰，那就更完美了。

ABOUT FOOD

### 補充體力的秘密武器

居酒屋是最能和朋友放鬆心情、開懷大笑的場所，在酒酣耳熱之後，若想補充體力好好吃個飽，那麼絕不能錯過店內主廚推薦的招牌麻辣牛肉麵喔！

09

# 松賀家料理

## 花蓮 CP 值最高的無菜單料理店

### INFO

地址：花蓮縣吉安鄉昌隆二街 173 號

電話：03-852-8688、0926-668-989

營業時間：18：00 ～ 21：30，週一、二休

費用：大人每位 450 元，孩童每位 150 ～ 300 元，限 5 人以上訂餐

沒有廣告，卻因為好吃與便宜受到支持而人氣大增，之所以被認為是CP值很高的原因，在於上桌的每一道菜都是極品，即便只是一小碟的醬菜，都有大廚的心意與誠意，衝著這一點，到花蓮一定要吃上一頓。

碰到好吃的，很多人都會希望自己有三、四個胃，坐在松賀家的餐桌上總會讓人有這樣的念頭，店裡以無菜單料理出名，一頓吃下來八、九道菜，而且道道讓人欲罷不能，難怪來過的客人都意猶未盡，直到吃撐了才覺得滿足。

乍聽松賀家這樣的店名，一般人都會習慣與日本料理畫上等號，其實這真只是巧合，老闆娘鄭姐沒有想太多，只是取父母名字中的字以做紀念，餐館的料理跟日本、和風還真的沒有太大關係。

沒有菜單，松賀家都是老闆兼大廚的鄭姐以每日的採購食材來烹調，鄭姐原本在台北的餐廳擔任外場工作，一、二十年的經驗下來，深深覺得吃的健康的重要，加上自己身體的關係，更是注重飲食上的營養與美味，因此回到花蓮吉安老家，便開起了這間家常餐館，場地是自家的老宅，坐落在巷弄之內，本著分享美好食物的經驗，沒有太多廣告，餐館外連個招牌也沒有，如果不是現在導航系統聰明，第一次到松賀家的客人會懷疑自己找錯了地方，從外觀看明明就是一般住宅而已。

## 以節令食材料理在地美味

因為廚房只有鄭姐獨挑大梁，所以餐館只接受五人以上的預定，這樣在食材的安排上也比較省力，用餐的桌數不多，大概五到六桌，約可容納三十到四十位客人，開業至今生意一直很好，所以位子非常難訂，只能寄望在非假日的工作天的晚上有機會吃上一頓。鄭姐很注重食材的料理方式，所以桌上的菜色沒有油炸，多以涼拌、清燉為主，內容會隨著節令改變，當然都是以當季蔬果為主。

餐館只賣晚餐一個時段，不翻桌，所以也只有一輪客人，從前菜、主食到甜品，林林總總有九道菜，很多客人都會在第六道就喊飽，可見料有多實在。雖然沒有固定菜色，但時間一久，還是有幾道受歡迎的佳品，其中松子水果沙拉有超高人氣，這盤以日式和風沙拉醬做調味的料理，用了大量的水果，蓮霧、哈蜜瓜、蘋果還有新鮮生菜，充分展現了蔬果的鮮甜味道。

湯品裡，清燉八寶料多豐富，有干貝、香菇、排骨、芋頭、蓮子、栗子，搭配爽口的湯頭，每一口都讓人回味無窮。另外還有松阪肉炒絲瓜、蔬菜鮮蚵南瓜盅、干貝蛤蜊湯等等，末了還有自製的奶酪等甜品，道道皆極品，是到花蓮旅行不可錯過的用餐地點。

ABOUT FOOD

## 人氣組合的松子水果沙拉

沒有菜單的松賀家，格外重視食材的鮮味和健康的料理方式，在沒有油炸烹調的菜色中，以大量水果和新鮮生菜組合而成的松子水果沙拉甚是受人歡迎，每一口都咀嚼的到食物的鮮甜原味。

10

# 迷路私宅料理

## 田園裡的地中海美味饗宴

**INFO**

| | |
|---|---|
| **地址**：花蓮縣壽豐鄉豐裡村四維路 68 號 | |
| **電話**：0928-559-091 | |
| **營業時間**：用餐 12：00 ～ 15：00、18：00 ～ 22：00 | |
| **費用**：榻榻米房 2 人 2800 元起，4 人房 5200 元； | |
| 無菜單料理午餐、晚餐每人 1000 元 | |
| **網址**：www.facebook.com/IansTable | |

在充滿歐風鄉居的家宅客廳用餐，讓人有拜訪朋友品嘗家常美食的親切與自在。迷路私宅料理用花蓮在地食材，結合地中海料理的作法，烹調出一道道令人難忘的美味。

旅途中，想好好吃一頓，不是快餐、沒有速食，還要擺脫制式簡餐的隨便，在迷路私宅料理完成了我對美味的渴望。這是一間坐落在中央山脈與海岸山脈之間的鄉居，主人是一對從台北移居到花蓮的夫婦，帶著可愛的女兒以及寶貝狗狗，實現生活在大自然中的願望，也提供美味的料理，用花蓮在地食材，以地中海家常料理的手法，煮出一道道可口饗宴。

將自家餐館取名迷路，正好契合了導航找不到、路牌不清楚的特色，不過也因為這樣特別，抵達的時候才更讓人喜愛。Ian 與 Sabine 離開了繁華的台北，看上了壽豐

鄉絕美的風光與宜人的氣候，把一棟雙拼老屋改建成具有歐洲風情的田中宅邸，沙漠赭紅的外牆在一片綠意中特別顯眼，而由 Ian 掌廚，Sabine 擔任外場工作的私宅餐桌，就在他們住家的客廳，如同為遠道而來的朋友獻上自己習得的廚藝，分享每一口迷人的滋味。

## 無菜單餐桌，每一頓都讓人驚喜

既是私宅料理，在這裡吃飯就不需要有惱人的點菜程序，只要訂了餐，兩夫妻就會走一趟花蓮市集，挑選當季的時鮮，最常逛的就是在地的重慶市場，還有住家附近的有機農場，當然，少不了要讓家裡後院的田地貢獻一點蔬菜，沒有農藥，用花蓮好山好水孕育出來的蔬食，好吃而且安心。

Ian 原本是記者，因為喜歡搗弄一些異國料理，久而久之練出了好手藝，私宅廚房多以地中海美味為主，從前菜、主食到甜品，甚至是冰淇淋，能自己做出的食材就

不會從外面購買，譬如使用的動物性油，如豬油與雞油，都是 Ian 慢慢榨出來的成品。

既是私宅，自然沒有菜單，菜色全看主人當天或前一天在市場的收穫，不過營業一段時間後，也有不少客人喜歡的餐點成為餐桌上的常備菜，譬如摩洛哥雞肉塔吉料理（Chicken Tajin），這是利用塔吉鍋使水蒸氣回流原理保留了食物的營養與鮮味，讓醬汁完全進入到雞肉裡，醬汁裡用了自家醃漬的黃檸檬與自種的香草，有不少客人也會作為麵包沾醬食用。

湯品也讓人驚豔，地中海番茄冷湯佐自製醃豬肉丁吃得出濃稠感，搭配自製醃豬肉丁多了一些爽脆。主食除了摩洛哥雞肉塔

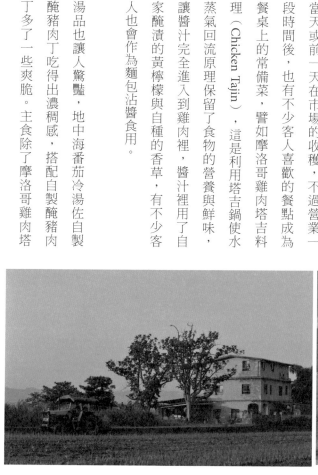

吉料理，也有不少曾上桌的佳餚值得推薦，其中蜂蜜豬子排更是花費二天的時間才能完美上桌。甜品也是主廚的心血，不管是輕乳酪蛋糕佐糖漬檸檬皮、萊母酒葡萄乾手工冰淇淋佐巧克力布朗尼、焦烤香蕉聖代，還是近期頻頻出現的草莓藍莓乳酪蛋糕，都能吃出製作時的用心與誠意。

## 私宅房間歡迎遊客度假入住

Ian與Sabine的家是一棟三層樓的田中鄉居，除了供應私宅料理，他們也在二樓整理出二個房間，讓遠道而來的客人入住，一間是適合親子家族的榻榻米房，一間是有歐洲鄉村味道的雙床四人房，還搭配著大大的浴缸，二個房間都能看到花蓮的山脈，廣袤的稻田以及舒適蔚藍的天空，值得旅客停留一晚。

ABOUT FOOD

### 手感的精緻料理

奧勒岡蜂蜜豬子排佐馬鈴薯泥，是一道搭配手作油封甜椒、橄欖油與鹽之花蘆筍而成的料理，吃上一口絕對讓你意猶未盡。

11

# 瑪丁娜印度小館

## 花蓮唯一清真印度餐廳

### INFO

| | |
|---|---|
| 地址： | 花蓮市和平路 482 號 |
| 電話： | 03-833-4921、0912-308-786 |
| 營業時間： | 11：00 ～ 14：00、17：00 ～ 21：00 |
| 費用： | 雞肉、烤雞咖哩 200 元，牛肉咖哩 250 元，印度烤餅 30 元，印度奶茶 40 元 |

看著半島電台，吃著印度烤餅夾著烤雞咖哩，旁邊還有一杯據說是加了肉桂的印度奶茶，瑪丁娜印度小館之所以受到客人的歡迎，就在於老闆把真正的印度美食帶進店裡，不用遠渡重洋，就能身歷其境，感受印度佳餚。

在台北要找一間印度料理很容易，但是在花蓮，要吃上一頓正統的印度美食真得要百般尋覓，終於在在地人推薦下，找到這一間道地的清真印度餐廳。若問起東華大學的學生，大家都知道，位在花蓮市和平路上的瑪丁娜印度小館才是正宗，其他地方都是山寨的啦。

瑪丁娜在花蓮才開了二年，老闆是三位自巴基斯坦的穆斯林兄弟，臉上總是帶著微笑，還有穆斯林教徒都會留的落腮鬍，主廚是三兄弟其中之一的 Ahmed，到台灣已經二十五年，原本在台中，六年前才在花蓮落腳，說

得一口好國語，他最常待的地方是廚房，要見到他，得等到快休息的時候才會出來晃一下。店裡的裝潢簡單乾淨，有不少印度的小裝飾，譬如寶萊塢的美女照片、看起來像外星文的阿拉伯文字，就連掛在牆上的電視螢幕放的也是半島電台之類的阿拉伯語頻道。

## 烤餅與烤雞咖哩、牛肉咖哩是絕配

印度餐廳的招牌美食除了咖哩還是咖哩，看似很單調，其實隨著廚師調整香料味道的功夫不同，煮出來的咖哩套餐也能有成千上萬種，瑪丁娜的咖哩，是由老闆從印度帶回來的十多種香料調製成，較偏南印度一帶的重口味，所以喜歡吃辣的人可以試著要老闆多加一點辣。搭配咖哩的肉食有牛肉，雞肉、羊肉以及海鮮，在雞肉料理中最有人氣的烤雞咖哩，是用紅豔豔的咖哩調味料把烤雞烹調入味，就連雞肉顏色也紅亮亮，不吃牛肉的遊客可以嚐嚐這一款，當然嚐起來軟嫩的牛肉咖哩還是比較受到大家的歡迎，也是店內必點。

搭配各式咖哩最佳的良伴不是白飯，而是道地的印度烤餅，一張大大的印度烤餅是用現做的麵餅放到烤爐裡乾烙，現點現烤，客人可第一手嘗到烤餅酥脆又扎實的口感，尤其是略焦的部分，卡滋卡滋，讓人欲罷不能。烤餅夾著咖哩肉一起是最能嘗出雙重滋味的吃法，如果再來一杯奶茶，那種身在印度國境，鼻子裡飄著各種香料的體驗就會更真實了。

ABOUT FOOD

**貼心的素食美味**

老闆特別因應台灣市場也體貼素食者的需求，餐廳內不僅推出蔬菜咖哩，還有素燉飯，讓不食肉類的顧客也能一嘗印度料理的美味。

Chapter 2

# 迷人風光

漫步翠柳湖畔，徜徉碧海藍天，
無論是大自然中的萬丈霞光，
抑或是與現代建築物巧妙融合的迷人光景，
都會讓人一看再看不捨離開。

068

074

076

064

062

086

090

072

084

080

01

# 林田山林業文化園區

## 摩里薩卡的懷舊時光

**INFO**

地址：花蓮縣鳳林鎮森榮里林森路 20 號

電話：03-875-2100( 林務局萬榮工作站 )

營業時間：09：00 ～ 17：00

相對於台灣其他林場，林田山多了一份人文風韻，或許是各場館分布的廣，即便是假日，這裡一樣可以找到自在與優閒。看看刻意保留的木架軌道，瞧瞧最高長官長住的宿舍，當然，也可在整建後的課長宿舍，現今的社區咖啡館，品一杯有回憶的咖啡。

關於旅行，其實也會有喜新厭舊的心態，一個熱門景點去了一遍，二遍，等到第三遍，那種初見時的驚豔不再，漸漸的，就不會想再去了。但是花蓮的林田山卻沒有給人這樣的想法，或許是林務局總時不時修建一些設施，陸續開放幾個老場館，所以，每次到林田山，都會有新的發現。

花蓮是日治時期重點開發的地區，甚至有了日本移民村的構思，可見日本人多愛這個隱藏在中央山脈之後的自然瑰寶，台灣的山林資源豐富，有不少開發的林場，除了八仙山、阿里山、太平山以外，林田山就是當時的第四大林場，還特別設立了工作站叫做森坂，日語念起來很好聽，稱做「摩里沙卡」，所以相關的文宣品都可以看到這四個字出現。

摩里沙卡成立在一九一八年，那時還沒太過熱鬧，二十

年後，伐木作業盛行，運材鐵道、索道及集材相繼完成，員工、眷屬也多了，有人就有生活，所以這裡蓋起了可以看電影的中山堂，可以買東西的福利社，可剪頭髮的理容院，甚至，還有幼兒園跟小學設立，儼然就是一個小村莊，人口最多的時候據說有四、五百個家庭，超過二千人。

## 場長館新鮮開放，森坂步道練練腳力

十四年前去過林田山的人，都還能看到園區後方康樂新村完整的日式房舍，一個個石階蜿蜒往上，很有小九份的味道，後來發生火災，所有三十五棟木造房屋燒到只剩空殼，現在做為遺址保留，現場看了很有蕭瑟感，但也算維持了屬於林田山過往的記憶。

園區裡最讓遊客們喜歡的還是重新搭建起來的鐵軌，以往的運材鐵道沒了台車駛進駛出，只剩下一個個懷舊的腳印，散發著一點點屬於林場老時光的味道。場長館是

園區內二〇一三年十月後開放的新景點，是所有房舍裡規格最完備的地方，於大正十一年（一九二二年）完工，有前庭後院，因為地勢較高，還能俯瞰林場工作站的全貌。館內的起居、住宿空間全被規劃為文物展示館，並有不少林場早期的黑白照片，可以慢慢觀賞。

看完古蹟建築物，建議可以到園區後面的森坂步道走走，這是二〇〇〇年增設的設施，算是相關單位為了讓遊客能多多體驗林田山自然之美規畫的路線，步道全長大概有七百公尺，前後兩個出口分別位在康樂新邨與天主堂，雖然有點陡峭，但走走停停大概半小時就能走完。林田山雖然是個老景點，卻是代表花蓮林業發展的一個里程碑，場內的氣氛也很優閒，值得一去再去。

ABOUT SCENERY

**鐵道的印記**

光靠想像，無法具體化當年運材車是如何在林場裡蜿蜒穿梭，所以林田山在聚落廣場裡簡單的製作了鐵道的路線，順著這些印記就可以遙想當年車子駛進了聚落之後的熱鬧景象。

02

# 綠水合流步道

## 享受簡便好行的合歡越嶺古道

**INFO**

地址：花蓮縣秀林鄉富世村天祥 22-3 號（天祥管理站）

電話：03-869-1466(天祥管理站）

這段路雖沒有錐麓古道立於天地間的波瀾壯闊之感，因為有了中橫公路的陪伴，反而更讓人有承先啟後之感，步道由先人辛苦的開拓，公路也不乏有前人灑下的血汗，同時展現在眼前，唯一能形容的只有讚嘆與佩服。

在太魯閣國家公園的所有步道裡，以合歡越嶺古道最具有歷史人文風格，而這條太魯閣族開闢的拓墾道路至今仍保留一小段遺跡，除了近年深受歡迎的錐麓古道以外，就屬綠水合流步道最親民適合一般遊客行走。比起錐麓古道，綠水合流步道不僅路程短，沿途風光秀麗，加上輕鬆好走，非常適合都市人練練腳

力。步道全二公里，左右有東西二處出口，一在綠水，一在合流，海拔大約四百公尺，沿途能看到陡峭的斷崖景觀，也可欣賞立霧溪曲流的壯闊。

為了停車方便，以綠水端作為健行起點最為方便，這裡設有露營地還有地質展示館，經過一小段山洞隧道後，往下看則是立霧溪衝擊造成的馬蹄型曲流，美麗的弧形線條與一旁看不到頂的垂直峭壁相襯映，讓人感嘆大自然鬼斧神工之奇，這段路有錐麓古道的神奇雄美，但因為下方多了蜿蜒的中橫公路，車來人往的喧鬧，即便路途些微險峻，也令人感到安心。步道為A、B點單線規劃，要回到起點可以選擇原路往返，不少人取道下方的中橫公路，只要注意行車安全腳程反而更快。

ABOUT SCENERY

**隧道後的迷人風光**

從綠水端開始健行，約 5 分鐘後就會經過一小段山洞隧道，不長，大概 25 公尺，可以小小體驗一下伸手不見五指的刺激感，過了隧道之後就能欣賞這條步道最精華的風光。

03

# 大農大富平地森林園區自行車道

## 綠林夾道路 徑中享受生態之美

### INFO

地址：花蓮縣光復鄉大富村

電話：03-870-0870

營業時間：遊客中心 08：00～17：00

租車：0933-487-985（綠野香坡農村發展協會）

比起要曬太陽的縱谷或海岸自行車道，大農大富平地森林園區規劃的單車道簡直是太貼心，讓旅客能穿梭在珍貴的林鄉之中，還能觀察各種鳥類，轉一圈不用二個小時，非常適合遠道而來的都會旅客。

開車經過光復鄉，大家會很習慣繞進光復糖廠看看，逛逛老宿舍，吃吃糖廠冰，不過同樣一個地方，卻有一個新竄起來的景點，是由花蓮縣政府在三年多前新規劃的大農大富平地森林園區，遊客們最有印象的就是碩大而美的花海圖騰，每年春節期間都會種上幾十萬朵繽紛的花卉，以不同主題展現台灣農業以及在地人文的精神。

在偌大的園區裡，縱使無花可賞的時節，踩著兩輪漫遊在綠樹夾道的自行車道仍然愜意，因為造林的關係、林務局在園區裡大量種植樹木，種類多達二十多種，讓遊客在乘風優遊之餘，能充分享受不同綠樹環抱的閒情自在。

## 南北環自行車道，綠林中快意暢遊

園區的單車道主要分布在南北兩區，分別是北環自行車道與南環自行車道，前者距離較長，從遊客中心出發大約十一公里，慢慢騎的話約花上一個多小時，這條路線大部分都在樹林當中，可以穿過楓香林、台灣櫸，還有台灣欒樹等，單車道路徑較為窄小，也因此讓樹木更密集，夏天在此騎乘不用擔心毒熱的太陽。最讓人驚喜的是沿途有機會巧遇「在地住民」，像是竹雞、五色鳥、綠繡眼，眼力好的還能看到紅嘴黑鵯，等於是進到鳥類大本營，讓人忍不住駐足。

南環自行車道距離較短，沿途景色也比較多元，一樣是從遊客中心出發，騎一圈大概六公里多，這段路線會經過園區幾個知名景點，譬如日地月池、七彩釣竿橋，然後就是林間車道，楓香也可以在這裡看到，秋天的時候落葉灑滿整條路，讓人有滿足與豐收的感受，絕對得親臨現場才能體會那份感動。

ABOUT GOODS

### 童趣感的休憩據點

單車道上比較特別的是供給單車客休息的地點，有別於一般制式的涼亭造型，園方用顏色鮮豔的大型水泥涵管做成休息的據點，圓圓的函館裡放上木椅，既可遮陽也不阻礙四周的風景，是值得體驗一下的可愛創意。

04

# 新東里車站

## 俯瞰四季稻浪　呈上人間最美畫布

### INFO

地址：花蓮縣富里鄉東里村大莊路 15-6 號

營業時間：花蓮到東里車站每日有 5 列車次前往（06：40 ～ 18：28），
行駛時間 60 到 90 分鐘。
玉里到東里車站每日有 9 列車次前往（06：05 ～ 20：21）

費用：花蓮到東里車站票價 131 ～ 157 元（以台鐵公布為主）

花蓮縣富里鄉是這座後山縣市的大米倉，就跟玉里一樣，擁有大片的稻田風光；四季裡，隨著春耕、夏耘、秋收、冬藏，讓大地鋪上一層層花樣色彩，魅力迷人。

錯開車來人往的台九線，沿著鐵道路徑，無人看管的月台小站可以看到不一樣的稻浪美景，其中，因為鐵路電氣化而架高的新東里車站，近期已經是逐浪攝影師最愛獵取的田園風采。東里車站在一九二四年日治時期就已經設立，早期稱為大庄驛或東部大里驛，那時還是運送木材進出的停靠站，隨著產業外移，昔日熱鬧的大站現在僅僅是區間車停靠的小站。

左右有中央與海岸山脈的依傍，站在月台上，兩邊都是青翠的山巒，靠近中央山脈這一側的田園風景像一塊被不規則切割蛋糕，除了錯落的田埂，就是一條小小的柏油路，沒有多餘的林木參差其間，視野一望無際，廣大而開闊，柏油路上偶爾可以看到巡水田的阿伯慢慢驅車經過，電線桿一根根等距的立在路上，散發著寧靜的小村氛圍。四季稻浪畫面各有美感，二期稻作有機會看到二次插秧收割的風景，注水期是大片水田，可以看到天空與山脈的倒影，夏天是翠綠的大絨毯，光看就覺得舒服，最美的應該是六月、十二月結穗的秋收期，那時金黃色渲染整個大地，美不勝收。

ABOUT SCENERY

**鐵道迷的朝聖之地**

東里車站體架高到大約3層樓的高度，站在月台上正好可以居高臨下，俯瞰大片的稻田風光，也吸引了眾多的鐵道迷與遊客競相朝聖，是在地人很喜歡的私房景點。

05

# 向日廣場

## 宛如歐洲濱海小鎮的漁港

**INFO**

地址：花蓮市港濱路 37 號（花蓮區漁會）

電話：03-822-3118

老景點不一定是無趣的，變個裝，一樣能讓人驚豔，向日廣場用一排連棟的彩色建築營造出歐洲小鎮的感覺，讓遊客不用再在冷硬的水泥建築裡採買魚貨，甚至可以優閒的喝一杯咖啡，體會不一樣的漁港風情。

如果不是親眼所見，很難相信在台灣的漁獲產銷中心會有這樣的樣貌，原本冷硬鋼質的水泥建築，被打造成一排繽紛的彩色小屋，猛一看，以為到了某個歐洲小鎮，甚至，某些角度還有荷蘭馬斯垂克海港的味道，這裡就是甫整修完成的花蓮港向日廣場。

聽到花蓮港，或許一般遊人興趣缺缺，畢竟是漁船進出的港口，左右橫豎看都差不多，這裡以前是鳥踏石廣場，原本也是要做漁獲產銷中心，但進駐的商家不多，一度也被列為蚊子館的名單，沒想到花蓮區漁會在二〇一三年年底接手後，不僅把鳥踏石廣場改為向日廣場，還把產銷中心打造成歐洲小鎮般的風情，一間間的小屋可以喝咖啡，可以買漁獲，還能體驗魚丸DIY，讓這裡儼然成為一處適合優閒漫步的好去處。

港邊的海濱小屋是最引人注目的地方，這裡有露天木棧步道可以逛逛，能全覽漁港的景色，當然，取名為向日廣場，也契合了欣賞第一道曙光的特色。向日廣場每到特殊節日會舉辦小型活動，譬如中秋節、春節等等，有演唱、魔術表演等等，也匯集了文創市集，讓旅客在品嘗魚鮮美味的同時，也能享受多元的旅遊樂趣。

ABOUT SCENERY

**歡迎來到歐洲小鎮**

2013年經由花蓮區漁會的努力下，烏踏廣場的產銷中心搖身變成了彷彿歐洲小鎮般的休閒風情，兼具漁獲中心、咖啡館和文創市集等多重功能，遊客也絡繹不絕的大增。

06

# 雲山水

## 如夢仙境恍如置身歐洲

**INFO**

地址：花蓮縣壽豐鄉豐坪路二段 2 巷 201 弄 18 號（雲山水 VillaHome 民宿）

注意事項：當地小黑蚊多，最好穿著長袖長褲，或者先噴上防蚊液

夢幻湖景把這裡的美麗風光照映的如真似幻，一棟棟獨立民宿別莊緊鄰湖畔，讓人有如置身歐洲一般。最佳的賞景時刻是避開遊人如織的時段，清晨日昇後，傍晚落日時，皆能體會寧靜自在的風光。

花蓮許多知名景點總會陪伴著喧囂的人潮，想棄之不去，卻又捨不得那迷人風景，而其中，位在壽豐鄉的雲山水就是一處讓人又愛又恨的地點。

雲山水是一家私人綠化造景公司打造的別墅群區，以前叫雲山水自然生態農莊，也稱為濕地生態園區，後來乾脆只留雲山水三個大字，簡單又好記。雲山水園區非常大，資料上顯示有二十四公頃，有不少土地已經賣出興建起別墅建築，有名的民宿雲山水 VillaHome 以及雲山水逸翠軒民宿會館都是買主購地後自己打造的別莊，其中逸翠軒民宿會館原是私人宅邸，後來才改做民宿經營。

二〇〇九年林依晨拍攝的黑松汽水廣告讓雲山水一炮而紅，經由影片強力放送，大家對這處有著夢幻湖景以及翠綠樹林的仙境趨之若鶩，加上陸客的「加持」，雲山水無時無刻都有人穿梭其中，尤其是精華點夢幻湖，處處都有點點人影，當然也少不了拍攝婚紗的新人。夢幻湖是由人工開挖然後引水蓄湖池潭，面積不小，大約四公頃，順著湖畔走一圈大概也要半小時，夢幻湖之所以迷人在於湖水平靜無波的時候可以清楚的將湖邊綠林樹影倒映，就像一大塊光亮的鏡面，把草坪、雲朵、蔚藍的天際還有中央山脈一一導入，上下兩種美景映入眼簾，使人心曠神怡。

## 落羽松林、四季幻彩，倒映絕美湖光山色中

為了達到綠化的效果，這裡花了好幾年培育植栽，包括進入園區前那一條棕櫚大道，還有各種水生植物也出現在湖區周邊，當然最珍貴漂亮的就屬落羽松林了。落羽松原產於北美濕地，喜好林水生長，有水的地方長的越漂亮，加上會隨著四季變換色彩與風貌，現在已經成為台灣景觀植栽最受歡迎的樹種。

雲山水的落羽松林種植在湖泊北區，穿過引水出入口的方塊石橋就是一大片茂密的落羽松樹林。落羽松愛水，所以林子底下多半是淺淺的水窪，沒辦法走入林裡慢慢欣賞，只能在林邊靜靜品味寧靜的氛圍。想要看到落羽松林倒映在湖面的風光就得繞到對面的湖邊，那裏有一處突出於水面的草坡，可以全覽落羽松林的美景，春季是嫩綠的風姿，夏季是墨綠的茂盛，秋季最美，火紅與咖啡暖的色澤交替，即便是落了葉的冷冬，落羽松林的蕭瑟也別有一番美感。

RECOMMEND

**來去湖邊住一晚**

逛雲山水要選人少的時候，挑一間臨湖的民宿住上一晚，不僅可以看到璀燦星空，也能欣賞晨起時薄霧籠罩湖面的美感，再不然起個大早，7、8點到此拜訪，那時的雲山水才是真正原汁原味的美麗勝境。

07

# 羅山有機村

## 親手做泥火山豆腐

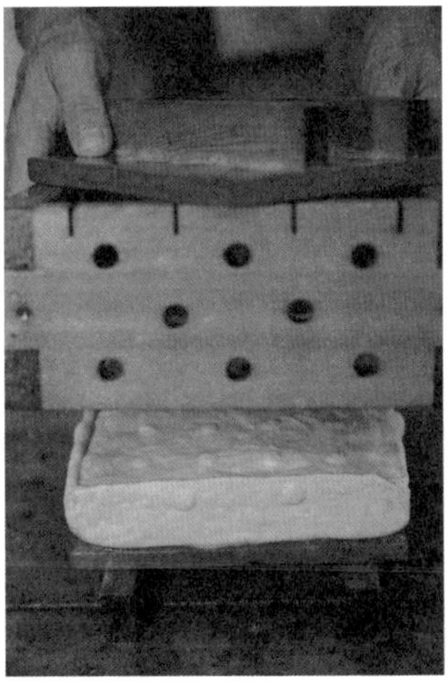

### INFO

**地址**：花蓮縣富里鄉羅山村 2 鄰 58 號

**電話**：03-882-1352

**營業時間**：須預約

**費用**：豆腐 DIY 一小份 1000 元

逛逛羅山瀑布，看看泥火同源的奇景，在羅山村最精彩的還是自己動手做豆腐的過程，沒有任何添加劑，自己做的豆腐營養又安全，沾點醬油，一點哇沙米，就是人間美味。

富里鄉作為花蓮縣的米倉之一，最不缺的就是廣袤的綠色良田，走在台九線上，兩旁拐進去的幾個小村落原野處處，以四季稻作的迷人風光吸引各地的旅人，在眾多的村落裡，作為第一個實驗有機村種植的羅山村，不僅是種植良質米的寶地，近幾年更成為品嘗泥火山豆腐的熱門旅遊路線。

羅山村緊鄰海岸山脈，主要的住民多為客家人，為了實踐有機村的計畫，農民們還禁用農藥四年，以讓土壤淨化，成為花蓮一處淨土。這裡因為有後期火山活動，形成泥火山地形的特殊地質景觀，遊客到此都會前往參觀泥火同源的地理現象。

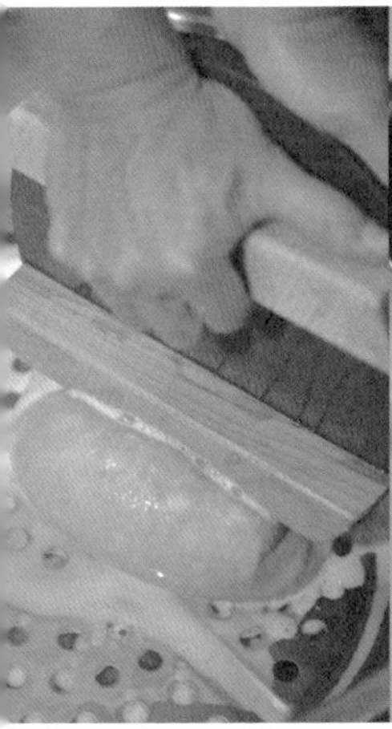

泥火山原本與豆腐八竿子打不著邊，沒想到村裡一位溫媽媽年輕時被人提醒或許泥火山沉澱後的滷水可以代替石膏做豆腐，沒想到一試成功，現在當地也有不少商店或農家以製作泥火山豆腐招徠客人，除了可以品嘗到羅山特有的豆腐以外，也能體驗如何以古法製作豆腐的樂趣。

## 磨豆、煮豆汁、壓板一次搞清楚

在諸多手做泥火山豆腐的商家裡，以大自然體驗農家知名度最高，因為從磨豆、煮豆汁到壓制成形，老闆現場示範，也會讓客人親手製作，所以非常熱門。老闆自家種的是有機米，做豆腐的黃豆自然也是選用有機栽種的黃豆一號，磨黃豆用的是傳統的石磨，在石磨上慢慢放入泡好的黃豆，然後用人力驅動磨盤壓出黃豆汁，這個過程稍稍費力，但是流汗之後才能品嘗到美味。

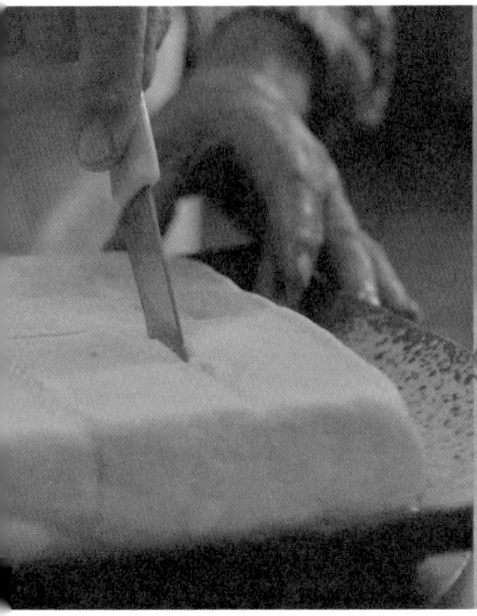
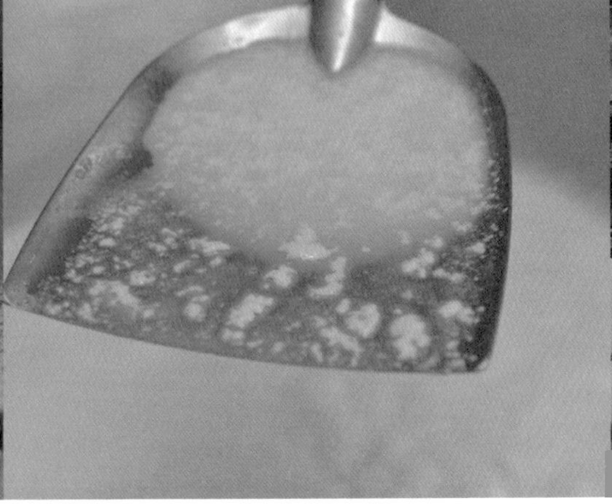

壓好的豆汁放到大灶上煮，以前用柴，現在省點事用瓦斯，煮豆汁要不斷的攪拌避免黏鍋，再來就是過濾分離出豆漿與豆渣，豆渣要做豆腐，加入泥火山水做成的滷水後等凝結再來就是壓模，等到水完全瀝乾就是好吃的泥火山豆腐了。

羅山村的美景有羅山瀑布、大魚池，當然也少不了奇特的泥火山，在體會過做豆腐的樂趣後，不妨造訪村裡的這些美麗風光。

RECOMMEND

**泥火山豆腐 DIY**

到了羅山有機村，就不能錯過DIY的樂趣。這裡有諸多手做泥火山豆腐的商家，老闆會先示範，也會讓客人親手製作，看似簡單的動作，實際操作起來還挺費力的，不過整個過程完成後，看到自己親自動手做的成品，會有一種感動流過心頭。

08

# 碧赫潭

## 隱藏在山林中的祕境

## INFO

地址：花蓮縣萬榮鄉明利村 85-1 號（明利上聖保祿教堂）

電話：03-875-1321(萬榮鄉公所)

日治時期日本政府的要求，讓這處山居部落多了一幅寧靜迷人的風景，湖面倒映著翠綠山林與質樸小屋，也吸引著四方的遊客到此，品味一分有別於城市的世外靜謐。

要說花蓮的私房祕境，大概沒有比碧赫潭來的隱密與遺世獨立了。這個乍聽起來有著拗口名字的地方，其實在知名景點林田山附近，開車沿著萬榮鄉公所旁的縣道十六號上山大概六公里就可以抵達，一條產業道路入口處標示著「大加汗部落」的地點，以為村落不大，拐個彎進去才知道真是柳暗花明，最顯眼的就是碧赫潭了。

看字面意義可以知道這是一處湖潭，碧赫——是大加汗部落頭目碧赫瓦利斯的名字，在日治時期，日本政府需要開闢一座水潭做為灌溉之用，頭目貢獻自己大約三至四個足球場面積大的土地，挖了個人工潭蓄水，也算有了交代。台灣光復後，日本政府走了，部落的湖潭沒有了功能，但是周遭竹林掩映，綠樹錯落，有如人間仙境一般。萬榮鄉公所希望讓分享這樣的美景，便斥資修築湖潭周邊道路，打造可以環湖一圈的步道，並且栽種了不少的山櫻花苗，每年的一、二月冬末時節，紅粉山櫻花開，美不勝收，即便不是在花開時節，看著湖邊的竹林與部落小屋倒映在湖面上，那種幽林意境好似仙人居所，讓人不由得駐足停留。

ABOUT GOODS

**寧靜中的祝福**

湖泊中央安詳而立的一尊聖母像，代表著部落居民虔誠的信仰，也意會著天主對這個地方所給予的無限祝福。

09

# 天祥西寶國小

## 中央山脈裡的森林小學

**INFO**

地址：花蓮縣秀林鄉富世村西寶 11 號

電話：03-869-1040

營業時間：僅開放週六日及寒暑假非學子上課時間

網址：www.spps.hlc.edu.tw

在這裡，沒有圍牆，過馬路不需要瞻前顧後，抬頭看的是中央山脈，念書上課的教室得過建築師雜誌首獎，同學雖然不多，但是每個感情都很好，畢業時每個人都要做一個陶燈給學校留念…西寶國小的美不僅在獨特的校舍建築，也在每一個天真爛漫的孩子身上。

站在西寶國小舖著柔軟PVC材質地板的籃球場上，看著正前方造型可愛的教室建築，很多人會希望自己有機會再回歸校園一次，在這個用蜂巢理念造的木造建築裡上課，或許背書、寫字、算算術也就不會那麼無聊了。

西寶國小是太魯閣國家公園裡知名的實驗小學，北倚中央山脈，是山裡的瑰寶，這原本是富世小學的分校，後來作為實驗小學獨立出來，因校舍造型突出，加上教育方式特別，曾被商業周刊評為台灣百大特色小學之一。

比起城市裡的學校，西寶國小更像是一處風景名勝地，坐落在西寶台地上，是國家公園裡唯一的一座森林小學，沒有高聳圍牆，即便是入口處勉強算是「大門」的設備，也只是低矮的盆栽木架，周圍景觀鬱鬱蔥蔥，在這裡念書就好像是度假。

學校學生人數不多，每個年級只有一班，學生與老師都要住宿，屬於學舍制國民小學，最顯眼的建築就是有著尖翹屋頂的木造校舍，設計由大藏聯合建築事務所執行，取材自中央山脈的山型線條以及蜂巢的概念，六角型與立方體巧妙的融合，在小朋友眼裡，他們的校舍就像一座座山，就像長輩口中念念不忘的太魯閣。

## 畢業生親做陶燈，為學校留下想念

教室裡沒有制式的空間規劃，每一扇窗都能引入光源，是綠建築最具代表的特色。國小的校園看似不大，其實處處都是驚喜。有創意的陶製品最常見，例如立在校舍

前方，可以收集屋頂落下雨水的陶製集水陶盆，又像是一個個安置在校園每個角落的陶燈，這是西寶國小每位畢業生的親手創作，代表對學校的一份感恩與想念。校舍後方是音樂教室與多功能使用空間，還有一方小小的生態池，夏季常聽蛙鳴此起彼落，如在人間仙境。

國小所在的西寶聚落海拔近千公尺，居民多是當年開墾中橫公路工作人員的後代，以農作耕種為生，國家公園有意規劃成有機生態村，目前耕種南瓜及玉米，但聚落裡最大宗的種植蔬果是番茄與高麗菜，從國小後方的產業道路可以登高，能居高眺望部落景色，也是一處欣賞美景的祕境。

ABOUT GOODS

**展現童趣溫馨的陶製班級牌**

西寶國小每個年級的班級牌，都是用溫暖色調的陶板製作的，上面標示著一年級、二年級……就如同他們的課程安排一樣，多元且有趣。

10

# 奇萊鼻燈塔

## 戍守太平洋蔚藍的美麗

**INFO**

地址：花蓮市華東路 101 號

東西南北公路尚未暢通時，坐船是進入花蓮普遍的交通方式，那時，奇萊鼻燈塔閃亮的燈光是船隻安全回家的溫暖依靠，公路開通了，燈塔也不再發光了，但是在老一輩花蓮人心裏，這裡依舊是回憶中一處屬於家的角落。

花蓮的喧鬧在一條條車水馬龍的道路，在一個個人潮擁擠的美味小吃攤上，似乎找不到一處寧靜安詳的角落，其實，繞個路，轉個彎，一樣能尋覓到無人打擾的安靜世界，而矗立在海岸邊，凝望著太平洋的奇萊鼻燈塔就是可以避開壅塞繁鬧的美景之地。

台灣的燈塔多半是日治時期打造，奇萊鼻燈塔也不例外，它在一九三一年建造，戍守著花蓮海域，引導往來船隻航向正確的目的地，原本的塔身是白色方型建築，但是在二次大戰受到轟炸毀壞，一九六三年，花蓮開放國際港後，相關單位在原址重新打造了一座，也就是現今大家所看到的模樣，塔身約十三公尺，白色五角形混凝土設計，頂層是環繞陽台，很典型的燈塔造型，看似沒什麼特殊，其實這裡是花蓮看日出的私房景點，遠遠的看，燈塔背倚翠綠的中央山脈，坐落於突出岬角上，遺世獨立，別有一番風情，附近也是著名的四八高地景點。

ABOUT SCENERY

### 攝影家的取景勝地

燈塔是七星潭濱海自行車道其中一個點，吸引不少單車客到此一遊，因為沒有太明顯的路標，所以觀光客不多，但是有很多攝影家喜歡到此獵取美景，日出前的萬丈霞光，萬里無雲時湛藍天際，都是最佳的欣賞時機。

Chapter 3

# 巷弄小吃

新穎的美味食材、在地人的口袋名單，
特色獨具的花蓮小吃，
絕對能讓你大飽口福，不枉此行！

94

96

116

098

東山鴨頭
104

100

108

106
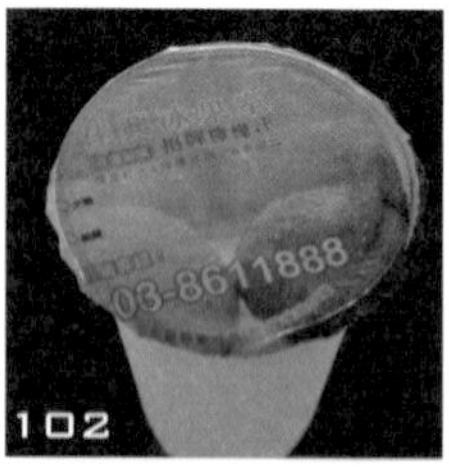
03-8611888
102

110

114

118

120

01

# 廟口紅茶

## 全台首創冰鎮鋼管紅茶

**INFO**

地址：花蓮市成功街 218 號

電話：03-832-3846

營業時間：06：00～01：00

費用：酸梅汁、紅茶、杏仁汁 15 元起，花生湯、紅豆湯 30 元起，小西點 15 元，蘿蔔糕 20 元

每到假日總是門庭若市，遊客們對於廟口紅茶的注意力通常不是飲料多好喝，而是好奇一杯杯從鋼管裡流出來的冰鎮飲料，水龍頭一開，美味就來，這樣的奇妙點子為店家帶來了六十多年的好生意，也打響花蓮小吃的獨特招牌。

炎炎夏日，來杯透心涼的傳統冰紅茶，那真是人生最快意的享受，若這杯紅茶還是從鋼管裡流出來的那就更有味道了，而花蓮市城隍廟旁的廟口紅茶店也就是因發明了鋼管紅茶，成為當地最受歡迎的輕食飲料店之一。

廟口紅茶是在地的老字號店家，開店超過六十年，本來堅持二十四小時經營，後來為了不那麼累，在二〇一四年六月開始，改成每天凌晨六點到夜間一點營業，夜貓子們要特別注意，免得空跑。店裡的經營品項可以說琳瑯滿目，雖沒有大菜，但是一日三餐外帶宵夜還是可以滿足嘴饞的客人，主打招牌飲料是冰鎮酸梅汁、紅茶、杏仁茶，有別於一般店家從冰桶裡舀出來，老闆為了作業方便，特別打造了三根鋼管，讓飲料從二樓的廚房煮好後，迅速的送到一樓，鋼管上的水龍頭一開，味道可口的飲品就一杯杯送到客人手中了。

除了紅茶之外，花生與紅豆湯也是這裡不能錯過的點心，老闆在選料上面很堅持，花生是雲林產的，紅豆也從萬丹進貨，加上花時間熬煮，讓花生湯嘗起來香氣四溢，紅豆湯也綿密軟嫩，不管冬夏都是很棒的甜湯。當然，早餐或宵夜時段可以試試人氣蘿蔔糕，也可以點一份蛋餅或傳統小西點搭配豆漿或杏仁茶，體會花蓮人吃了幾十年的在地味美味。

02

# 榕樹下麵店

## 一碗乾麵與黑白切的回憶

**INFO**

地址：花蓮市中華路 453 巷 9 號

電話：03- 852-7758

營業時間：07：00 ～ 13：30

費用：米苔目、意麵 40 元，豬血湯 20 元，小菜 10 元起

沒有招牌，靠的是在地人口碑推薦，榕樹下麵店，三十多年來憑著第一代老闆娘許麗珠對傳統料理的堅持，讓花蓮人能一如以往的品嘗好吃的家鄉味。

到了花蓮，在地人裡十個有九個會交代要去吃一下榕樹下麵店，不為什麼，就為了那一口吃了三十多年還是沒有改變的傳統味道，一碗乾麵，搭配一盤黑白切，有可能是離家後久久難忘的家鄉味。

榕樹下麵店沒有招牌，其實也不需要招牌，店旁一棵看起來好幾百歲的榕樹就是他們的店招，店家已經傳到第二代，沒有因為生意太好而大改裝潢，到現在還是可以看到店門前的攤子上一大盤白麵、一大鍋滷味還有永遠冒著熱氣的肉燥湯汁。這裡的菜色不多，不超過二十項，但每一種都是招牌。

麵食類就有米苔目、意麵還有油麵，乾麵最受歡迎，因為搭配的佐料是熬了又熬的好吃肉燥醬，黑白切一定要嘗，腿扣肉、滷大腸、豬心、粉腸等也都很熱門，當然，最不能錯過的是透抽，花蓮靠海，這裡的海味一定鮮美，而汆燙後的透抽，沾上店家特製的醬料，那種滋味絕無僅有，一般店家用香菜搭配醬油，這裡用九層塔，帶點香、帶點嗆，非常特別。腿扣肉經過小油炸，去了油膩保留了爽脆，一小盤份量不多，但讓人吮指回味，就算是最常見的豆干，燙青菜，榕樹下麵店也能料理的讓人直說好吃，連連按讚。

03

# 九福餡餅粥

## 經濟實惠外省料理美味

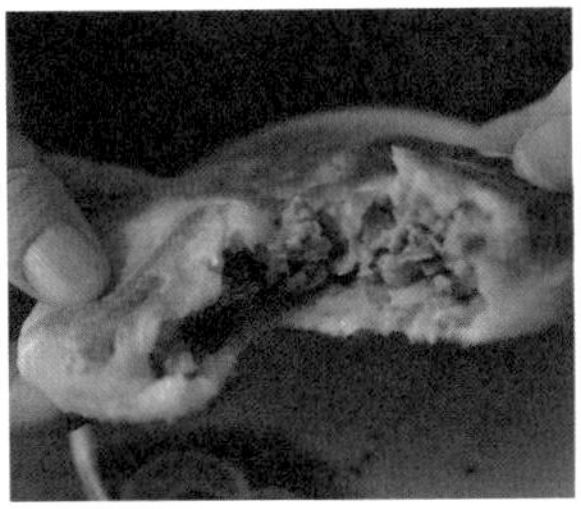

**INFO**

| | |
|---|---|
| 地址 | 花蓮市中山路 120 號 |
| 電話 | 03-835-7219 |
| 營業時間 | 11：00～14：00、17：00～20：00，週一休 |
| 費用 | 牛肉、豬肉餡餅、韭菜盒、蔥油餅 25 元，小米粥 15 元，抓餅 50 元，炒年糕 80 元 |

花蓮有不少的外省菜很受在地人推崇，九福餡餅粥是其中很知名的一家，老闆娘是下大陳島遷移來台的同胞，老闆是土生土長花蓮人，夫妻在三十多年前開了這家店，把家鄉美味介紹給花蓮喜愛外省料理的好朋友。

花蓮是多元族群的聚居地，有原住民、客家人、閩南人，也有大陸渡海來台的外省軍眷朋友，很少人知道花蓮市有處大陳眷村，是大陳島移居來台的同胞，六十年前在此落地生根，也帶來了他們的家鄉美食，知名的九福餡餅粥餐館，供應的就是地道的大陳島美味。

店名主打餡餅與粥，菜單上好食的可不只有這二項，蔥油餅、抓餅、炒年糕、炒餅等外省美味一字排開，每一種都讓人流口水，更不用說還有炒三鮮、蔥爆牛肉這種可與親友大宴小酌的菜色了。招牌餡餅有二種餡料，牛肉餡湯汁多，味道鮮美，豬肉餡油香濃，是不吃牛的客

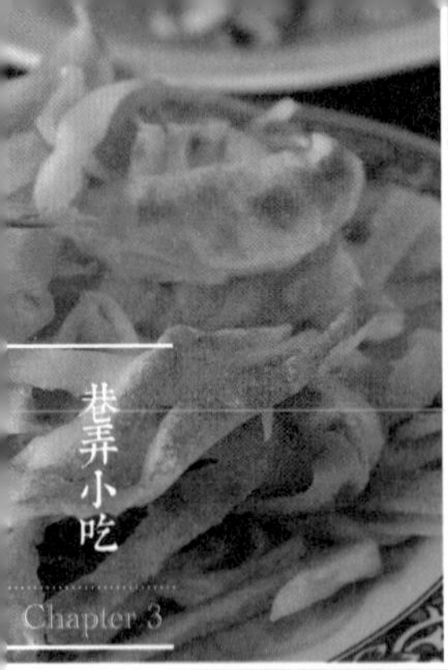

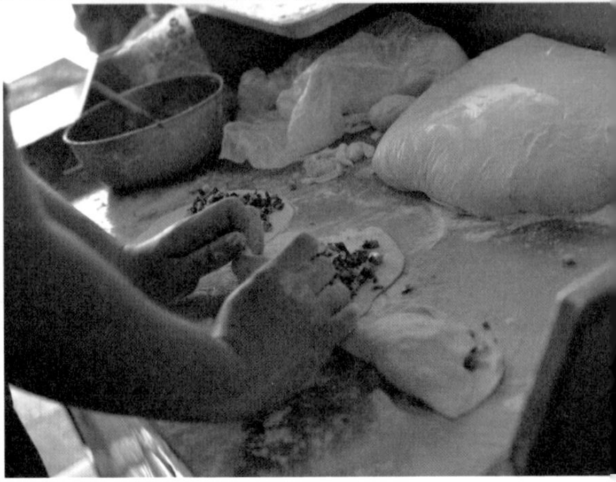

人另一種好選擇，韭菜盒子餅皮乾爽，沒有太過的油煎味，是讓人感到驚喜的特色，抓餅的酥脆度百分百，焦香的口感使人忍不住一口接一口，而這麵餅類的小吃都是店家現場製作，以達到一出爐就能送到客人桌上。

除了吃美食，在這裡的另一種享受就是欣賞老闆桿麵皮過程，當然，記得挑選最靠門口的位置才有這種福利，第一代的漂亮老闆娘已經退位，現在這個活交給了小老闆執掌，一大份發好的麵團在客人點單之後，就被分成一個個小麵團，然後邁向蔥油餅、餡餅、韭菜盒與抓餅的路程上，小老闆下料很豪邁，以韭菜盒為例，韭菜餡料一抓一大把，簡單三兩步驟一個半圓鼓著身子的韭菜盒子就出來了，再到炒盤上小烙一下就是可口的佳餚。

ABOUT FOOD

**咬勁十足的年糕**

大陳島特有的長方型年糕配著蔬菜佐料拌炒，滋味一等一，年糕咬勁十足，是店裡絕不能錯過的意外之喜。

04

# 周家蒸餃

## 皮薄餡多滋鮮味美

### INFO

地址：花蓮市中山路 511 號

電話：03-831-2111

營業時間：10 ： 30 ～ 24 ： 00

費用：蒸餃每籠 30 元，小籠包子每籠 50 元，每顆 5 元，酸辣湯 20 元

吹彈可破的蒸餃躺在冒著熱氣蒸籠裡，光看就讓人流口水，而咬一口汩汩流出的湯汁也讓人在濃郁的油脂香中，感受到食物最原始的美味。周家蒸餃在花蓮開業超過六十年，秉持的是手工現做的特點，給花蓮人一分飽足又扎實的家鄉味。

花蓮的熱門包子話題，在地人得出了這麼一個結論，兩大品牌公正包子與周家包子PK的結果，觀光客喜愛公正包子稍稍帶甜的口感，而本地人比較喜歡周家近原味的調配，無論如何，這兩家每到假日就湧入排隊的人潮，足以讓人撇開所有藉口也要吃上一回。

提到周家的蒸餃跟包子，花蓮人起碼有一半會跟外地朋友推薦，不僅僅是因為他們在花蓮開業超過六十年，也因為他們的包子、蒸

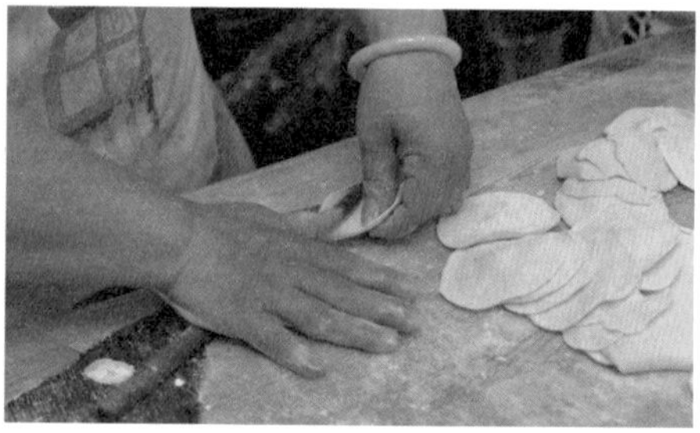

餃都是手工現做，尤其是蒸餃，店裡面總可以看到一塔塔的蒸籠隨時隨地冒著熱煙，等著客人大飽口福。周家的據點有二處，不想排隊的話別往公正街上的本店擠，多走點路，靠近花商的中山路分店可以好整以暇的慢慢品嘗，口味一樣不變。

周家蒸餃有二種餡料，鮮肉、韭菜各有千秋，前者多點油香，後者多點蔬菜的清淡味，各有擁護者，可保證的是皮薄餡多的特色。而且現場看著工作人員不停的在和麵團、桿麵皮，就能料想吃得到新鮮出爐的晶透蒸餃。

ABOUT FOOD

**小巧的包子**

這裡的可愛小籠包2、3口就可以解決，且嚼起來有淡淡的麵香與彈實的咬勁，沒有公正包子偏甜的口感，樸實原味，也是不少花蓮人總是支持的理由。

05

# 佳興冰果室

## 有祕方的人氣團購檸檬汁

## INFO

地址：花蓮縣新城鄉新城村博愛路 22 號

電話：03-861-1888

營業時間：08：00 ～ 17：00

費用：招牌檸檬汁一杯 35 元、原味一瓶 100 元、加酸口味 130 元（1460CC）、什錦炒麵 70 元、剉冰 35 元、綜合冰 40 元起

注意事項：食用前要退冰至冰沙狀，飲用前要先搖一搖

新城有特產芋頭番薯，也有賣了幾十年的人氣檸檬汁，經營超過八十年的佳興冰果室以一款特殊調製的檸檬汁打響名號，不僅路過的人要喝上一杯，在團購上也很有人氣。

什麼樣的檸檬汁可以在炎熱的夏天賣上一、二萬瓶，而且是連皮帶肉一起榨打？不酸，不苦嗎？這樣的疑惑，在喝到佳興冰果室老闆娘林阿蝦親手打的招牌檸檬汁有了解答。

佳興冰果室是花蓮新城的老字號冰店，營業超過八十年，不僅僅以招牌檸檬汁聞名，這裡也兼賣吃食，什錦炒麵與什錦湯麵連在地人都很捧場。店裡沒有太多裝潢，空間還是維持古早的樣子，冰櫃裡滿滿的都是新鮮檸檬，剉冰與榨檸檬汁的處理台還是很有舊時

味道的白色磁磚台，走進這裡有點像是走進光復初期的懷舊時光當中。

這裡的檸檬汁之所以受歡迎，在於老闆用的是屏東鹽埔生產的檸檬，皮薄多汁，鮮榨的時候連皮帶肉打，祕方是加了煉乳，因此果汁不僅有檸檬香，還有奶香味，加煉乳是為了不傷胃，老闆試了很久才克服檸檬跟奶製品結合會塊狀化的問題。除了不可錯過的檸檬汁，冰果室裡的剉冰也讓人在暑熱當中透清涼，月滿西樓（就是月見冰啦）可以吃到生蛋黃與碎冰結合之後的爽口滋味，就連單純的紅豆剉冰或綠豆剉冰，也都是店家自己熬煮材料製成。什錦湯麵是店內必點，滿滿一大碗有海鮮蔬菜，麵條彈Q，湯頭美味，是吃冰之外也能飽足的一項人氣吃食。

06

# 摩利東山鴨頭

## 遵循古法滷製 令人吮指回味

## INFO

地址：花蓮市中華路、大禹街口

電話：0915-293-222

營業時間：18：00～賣完為止，週四休

費用：鴨頭 40 元、鴨翅 30 元、QQ 鴨蛋 15 元、豬血糕 20 元、甜不辣 2 片 15 元

吃過他們家的滷味，即便不在花蓮，四方的遊客也會透過宅配，把這個令人難忘的味道運送到家中，而且，冰過更好吃。摩利東山鴨頭以古法滷製，傳統滷味，不浮華，不躁進壯大，只希望嘗過的客人能感受到他們對待美食小吃的誠意。

只要摩利東山鴨頭的攤位一擺出來，開車經過中華路、大禹街口就會聞到空氣中飄散著香香的，甜甜的味道，那種經過滷煮與油炸後的美味，光想想都會讓人流口水，這樣的吸引力，讓摩利東山鴨頭在花蓮屹立不搖三十四年，也是外地遊客們晚上一定要嘗上一口的好滋味。

摩利東山鴨頭目前在花蓮市有二處據點，大禹街這一攤是兒子、媳婦經營，中山路上有店面的是女兒、女婿打理，後者開了一年多，也有不少市民捧場。這家的東山鴨頭滷製方法，是跟台南著名的東山鴨頭老店學習，所以口味上有點相近，帶有香甜的口感，女生非常喜愛，也是下酒不錯的良伴。

大禹街的據點靠近鬧區，生意很好，不同於一般的滷味攤，這裡每一種品項都有標價，童叟無欺，也讓客人在挑選時可以控制預算。擁有眾多擁護者的鴨翅，是攤子很快賣完的品項，完全入味的鴨翅連骨頭裡的好料都不能錯過，而以糖心蛋做法滷煮的QQ鴨蛋，吃起來彈Q有勁，半熟的蛋黃濃稠馥郁，也是很火爆的滷味之一，都是搭配花蓮不眠的夜最好的點心。

ABOUT FOOD

**吮指回味的滷鴨頭**

招牌的鴨頭滷製的非常徹底，連骨頭都入了滷汁的味道，酥脆的不得了。

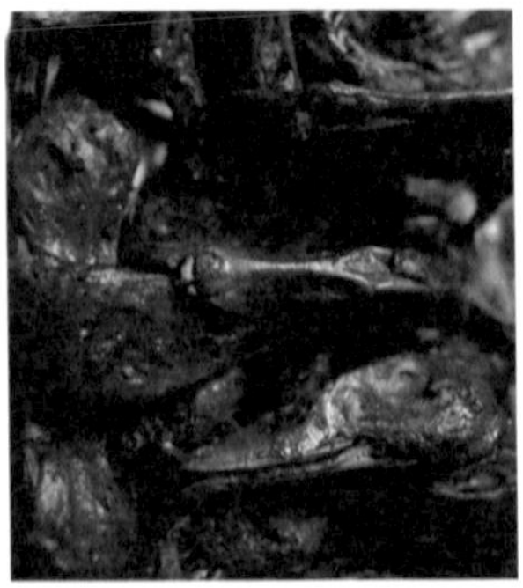

07

# 林記燒番麥

## 獨門醬汁烤出玉米魂

## INFO

地址：花蓮市自強路與和平路口（自強夜市內）

電話：0937-947-886

營業時間：16：30～23：00

費用：每支烤玉米秤重計賣約 50 元起

好吃的烤玉米，不僅僅需要獨門的醬料，也要配上新鮮有水分的玉米以及有著香味的木炭，這樣烤出來的玉米才有好吃的本錢，林記燒番麥的玉米有老闆花費心力的誠意與堅持，值得排隊嘗上一嘗。

全台成千上萬個烤玉米的攤位再怎麼厲害，大概也找不出像林記燒番麥的老闆林上哲這麼堅持的烤玉米達人，不僅玉米自己種，醬料自己調，連木炭也要用原木，難怪每天都是長長的排隊人龍，即便等上半小時，一個鐘頭的遊客大有人在。

林記的烤玉米攤在五十多年前就已經開始，那時還是林上哲的父母親操持，在花蓮戲院前擺一個烤玉米攤，林上哲接手後，把玉米當作一個學問在經營，攤位上用的玉米都是自家栽種，為了保持水分還堅持每天清晨採摘，所有的堅持只為讓顧客享用最好的味道。

## 三種口感，任君挑選

為了照顧到每個人的口感，店裡的玉米還分有軟、硬、Q等級，客人在選擇的時候就能按照自己喜愛的軟硬度挑選，架上的玉米大半已經烤半熟，只要再刷個醬料，烤個透就能品嘗，所以每一根玉米上烤攤的時間不會超過五分鐘，也節省等待的時間。這裡比較有趣的現象是老闆把等候的號碼牌用麻將牌製作，一面寫著等候號碼，一面就是紅中、白板或者是三條、九萬之類麻將號，拿在手裡不僅對老闆這樣的巧思感到莞爾，也讓等待的時刻不那麼難熬了。

ABOUT FOOD

**傳承，保留古早味香氣**

烤玉米的醬料都是由老闆林上哲調配，除了延用老爸的古方，自己也加減做了調整，最精華的醬油還是採買自百年老店，木炭堅持用相思樹或龍眼樹做成的木炭，這樣讓玉米保有木炭烤出的古早味香氣。

08

# 米嚐烤肉

## 泰式平民美食

**INFO**

地址：花蓮市重慶路 223 號

電話：0932-581-031

營業時間：18：00～01：00，週四休

費用：泰式烤肉、烤魷魚、烤鬼頭刀、涼拌青木瓜 100元，檸檬魚 150 元，泡菜、小黃瓜 50 元，泰式酸辣湯 120 元

開店超過五年，米噹烤肉在二〇一四年六月離開舊址自由路，遷到新址重慶路店面更大，客人容納量更多，生意一如以往的好，熱鬧程度搭配招牌的菜餚，使得在這裡用晚餐、吃宵夜有了讓人難忘的氛圍。

米噹，在泰國話裡的意思是零錢，從這樣的寓意來看，米噹烤肉的老闆邱義昇是希望在花蓮可以用少少的錢，就能吃到美味的泰式平民美食。曾經在泰國經商，人稱昇哥的邱義昇非常認同泰國人用簡單的碳烤方式就能料理美食的方法，所以特地在泰國學藝一年，把道地的泰式碳烤帶入花蓮，讓大家不用坐飛機也能吃到甜酸辣香幾種滋味同時瀰漫在嘴裡的享受。

米噹烤肉標榜平民美食的特點可以從他們菜單上看到，幾乎都是一百元的好料，也包括鎮店三大招牌佳品：泰式烤肉、烤魷魚、烤鬼頭刀。泰式烤肉選用肉質彈實的梅花豬肉帶有松坂的口感，在炭火爐上快速料理後，呈上桌的是鮮嫩多汁的肉塊，搭配九層塔的香氣與老闆特調的泰式沾醬，每一口都是享受。其他還有用海鱸魚做成的一夜干，以純泰式調料烹煮的泰式酸辣湯，還有不可錯過的人氣主食炒泡麵以及泰式炒飯等，都是朋友聚會、家族同樂的好選擇。

店裡最不能錯過的是現挑鮮魚現烤，老闆愛釣魚，也愛分享花蓮海域的新鮮魚貨，所以每天上午的海釣成果，就會成為傍晚開門營業後的現撈美味，有時是鸚哥魚，有時會有尖梭、紅喇叭、大白帶，看當日哪些魚種跟老闆的釣竿有緣，客人就能吃到哪種即時海味，這也是米噹烤肉最大的特色之一了。

ABOUT FOOD

**鮮美海味活跳跳**

喜歡品嘗現烤鮮魚的饕客們，絕對不能錯過花蓮海域的新鮮魚貨，由老闆親自釣獲的魚種，新鮮海味讓你嘗過還想再嘗。

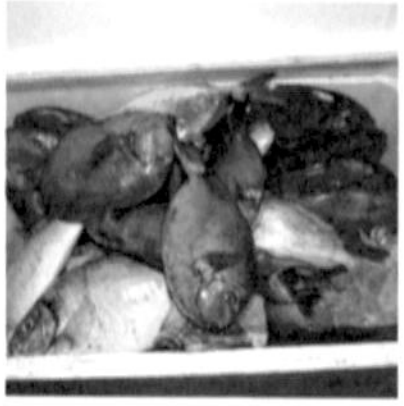

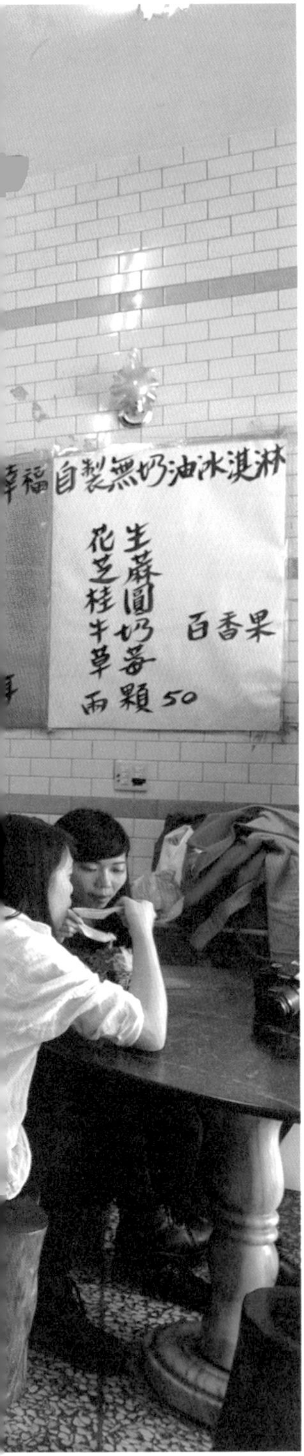


09

# 豐春冰菓店

## 傳統古法製作的美味甘蔗冰

### INFO

地址：花蓮縣壽豐鄉壽豐村壽豐路一段 79 號（壽豐火車站附近）

電話：03-865-1530

營業時間：夏季 08：00 ～ 21：00(賣完就收），冬季 12 月到 3 月休息

費用：甘蔗冰 50 元（可加 2 種配料）、冰棒一支 20 元、冰淇淋 2 球 50 元

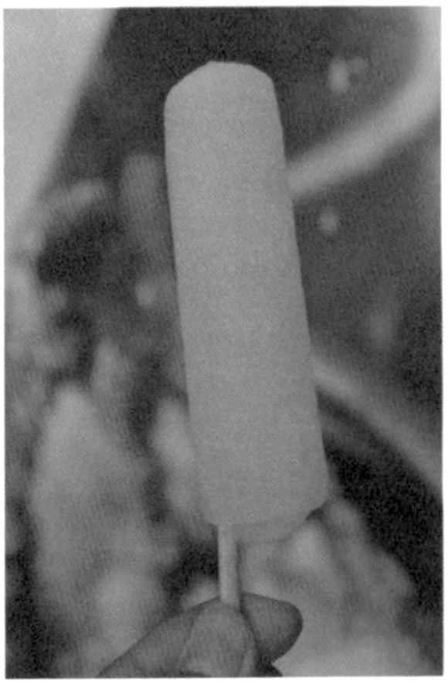

為了製糖，花蓮壽豐以前種了不少甘蔗，大部分運到了日本，有一些就被在地人另做他用，豐春冰菓店也是因為壽豐的甘蔗有名，做起了甘蔗冰，用古法製冰，傳了三代，走過六十年，現在已經是花蓮不可錯過的美味了。

天剛濛濛亮，豐春冰菓店後方的大灶就升起了火，輕煙帶起了木材香，不知要烹煮什麼，有了瓦斯天然氣，現在已經找不到這種材燒古法了。只見第二代老闆娘把一根根切段的甘蔗放到大鍋裡慢慢熬煮，煮出了材燒甘蔗的美味，也煮出豐春冰菓店超過六十年的歷史。一家冰店要傳承三代且歷史悠久，憑藉的就是傳統古法，除了堅持用大旱柴燒熬煮甘蔗冰所需的甘蔗原汁，製冰的機器也

一樣重要，而這個過程就由第三代老闆陳朝陽來進行。去過冰店的人除了嘗一口香甜可口的甘蔗冰以外，一定都會注意到佔了店裡幾乎一半面積的製冰機，轟隆隆的聲響從早上就開始運轉，堪稱店裡的巨無霸主角。

這台機器看起來冷冰冰，其實大有來頭，不僅跟店齡一樣老，直到現在還很勇健，歷經了陳家三代。這裡的冰之所以好吃的祕訣，在於老店至今仍然使用傳統的阿摩尼亞冷凝劑製冰，有別於現今普遍使用冷媒替代做冷凝劑的作法，阿摩尼亞冷凝劑製冰的特店在於讓結冰的速度慢，經過不斷的攪拌後產生小冰晶，是冰品口感細緻滑順原因，不管是冰淇淋還是用甘蔗原汁打造的甘蔗冰，

都是這台巨無霸製冰機創造出來的美味。

## 紅豆、芋頭等配料也用木柴熬煮

在這裡吃冰要有耐心，尤其是炎炎夏天，尤其是熱情的暑假，滿滿的排隊人潮累積起來的熱氣會讓人吃冰的慾望更加強烈，根據在地人的經驗，不想排太久的話，早上開店後半小時內是個好時段，店裡有位置，也可以慢慢地邊吃，邊看老闆現場製冰專業的姿態。

店裡的招牌是甘蔗冰，通常是以甘蔗冰做基底，搭配二種配料，另外還有冰棒跟冰淇淋。提到配料很是讓人豎起大拇指稱讚的，二大人氣明星配料是小紅豆跟芋頭，沒這樣選就不要說吃過豐春的冰。這裡的配料都是老闆媽媽親手熬煮，也是用木材起火燒製，所以有淡淡的材香味，小紅豆口感綿密，甜而不膩，芋頭香氣馥郁，滑順迷人，二種都容易讓人上癮，當然，喜歡水果味的可以點選桑葚、鳳梨，另外還有綠豆、花豆以及仙草、蓮子白木耳等等。

ABOUT FOOD

### 可愛的冰棒棍留言板

豐春冰菓店的甘蔗冰有名，冰棒也不賴，基本口味都有，例如紅豆牛奶、綠豆牛奶、芋頭牛奶等等，有些的可愛客人為了表達對冰品的喜愛，還在吃完的冰棒棍上留言，老闆從善如流製作成可愛的冰棒棍留言板。

冰淇淋是店裡熱門產品的二哥，也是用巨無霸製冰機做出來的美味，有傳統機器的加持，豐春的冰淇淋就是有其他地方吃不出來的綿密口感。冰淇淋是用純牛奶製作，不添加奶油，口味有花生、芝麻、桂圓、牛奶、草莓、百香果，有些需看時令不定期供應，但最受歡迎的花生、芝麻、桂圓一定會有。

10

# 四八高地花枝羹本鋪

## 完美主義下的極品花枝羹

### INFO

地址：花蓮市大同街 32 號

電話：0910-140-973

營業時間：11：30 ～ 14：30，17：00 ～ 20：00，週三休

費用：花枝羹 50 元，滷肉飯、石花凍 25 元、小菜 20 元

採用九比一的花枝與粉漿製做的花枝塊，讓客人每每吃過後讚不絕口，親身品嘗到鮮美的海味。

這家店，是許多花蓮人的美食私房口袋名單，比起一碗碗好吃的花枝羹還有滷肉飯，在地人印象比較深刻的則是老闆要求完美主義的性格，在吃食上講究完美（詼諧一點可以說龜毛），其實是對客人的一種尊重，這樣才能兼顧美味與健康。

之所以取名四八高地，沒錯，就是大家想的那樣，因為喜歡花蓮四八高地的風光，所以就這麼命名下去，花枝羹是店裡的主打，有三種口味——湯頭、原味、沙茶，湯頭是純粹的清甜高湯，也是必吃招牌，

原味與沙茶有小小勾芡，即便如此，也是薄芡。完美主義的性格展現在花枝塊的製作上，因為花枝與粉漿的比例是九比一，所以這裡的花枝吃起來的口感就是ㄉㄨㄞㄉㄨㄞ彈牙，非常夠味。

滷肉飯的製作也不馬虎，別家店可能是肉末，這裡則是看的出形狀的肉塊，經過長時間熬煮，淋在白米飯上，那是一種齒頰留香的美妙滋味。別以為老板會放過吃飯總會搭配提味的小菜，放在冷藏櫃裡的小菜一盤盤擺的跟藝術作品一樣，規規矩矩，譬如牛蒡，被一條條像砌磚塊一樣堆起來，細緻度直逼蓋房子，看起來賞心悅目，下次有機會拜訪，記得多欣賞老闆的這些傑作喔。

11

# 海埔蚵仔煎

## 排隊也要吃的在地味

### INFO

地址：花蓮市自由街 86 號

營業時間：17：30 ～ 23：00，不定休

費用：蚵仔煎 45 元、蚵仔湯 60 元、蛤仔湯 40 元

碩大肥美的蚵仔，口感彈實的味道，海埔蚵仔煎在花蓮開了四十一年，生意一樣興隆，不僅僅只有觀光客捧場，連在地居民都知道有朋自遠方來，就是要帶他們去一嘗花蓮蚵仔煎的美味。

排隊，是所有人對海埔蚵仔煎的唯一印象，似乎不管什麼時候，要嘗上一口彈Q有料的蚵仔煎，總得等上個十分鐘，除非快到收攤的時間，或許就有機會盡快入座，但要冒著提前賣完的危險，所以，還是乖乖排隊就好。

海埔蚵仔煎之所以受到歡迎，在於老闆選料實在，蚵仔或蛤仔都是來自於台灣西部盛產蚵仔的縣市，每一顆碩大飽滿，可以品嘗到滑嫩的鮮甜滋味，另一方面就是老闆娘現場現做的蚵仔煎。店裡其實只有一個煎鍋，一次只能下十二份蚵仔煎，所以人一多，就得稍等一下，排隊的同時，其實可以欣賞老闆娘料理的手藝，或許是經年累月的習慣，翻煎蚵仔與雞蛋的過程爐火純青，每一個動作像是畫家在作畫，分毫不差，是這裡除了吃吃美食以外的另一種享受。

店裡菜色不多，只有三種：蚵仔煎、蚵仔湯以及蛤仔湯，蛤仔湯很受歡迎，不管是不是盛產的季節，湯裡的蛤仔一定大顆，就是那種咬咬口還會噴汁的紮實飽滿，湯頭更是人間極品，這些都是店裡不能錯過的在地佳餚。

12

# 老材房飯麵水餃館

## 老木材廠裡的美味家常麵食

### INFO

地址：花蓮市信義街 19 號對面

電話：0910-521-058

營業時間：11：00 ～ 14：00、17：00 ～ 21：00

費用：大滷麵 50 元，酸辣湯 35 元起，水餃一顆 4 元，海帶 30 元，肝連 50 元

每次到花蓮，總會有一頓安排到這裡打牙祭，不僅僅是因為在地人的推薦，而是吃上一碗誠心製作的大滷麵，就好像跟花蓮打了契約，心，留了下來，再也忘不了。

店名叫老材房，跟木材真的有關，這間連門牌號碼都沒有的麵店小吃館，以前是一間木材廠的廠房，專門處理木材切割、分配的過程，老闆是林金榮，後來產業沒落，老闆便轉型做吃食，老材房飯麵水餃館就這麼開業了。

店裡現在掌廚的是兒子林靖堯，其實他也在外地打拼過，後來父母年歲漸長，便回家接了這個店，為花蓮人料理一碗碗可口的麵食。因為麵館曾是木材廠作業空間，這裡也保留了不少各項機具，處處可見原木的桌椅讓人有如置身森林之中。等麵上桌的時間，其實可看看店家刻意保留的老東西，譬如大型的鋸木機、古式秤台還有一個晃蕩著鐘擺的老時鐘，在液晶螢幕與電子數字充斥的年代，這種有著時針分針的時鐘特別讓人回味。

飯麵水餃館，賣的自然是飯麵與水餃，人氣第一名的是大滷麵，而水餃也是絕對不能錯過的招牌，不介意韭菜的嗆辣勁的話，韭菜餡的水餃比高麗菜餡水餃來的讓人難忘，當然，小菜也是極品，豆干、肝連、海帶、滷蛋、大腸，都是林媽媽的拿手好料，錯過可惜。

ABOUT FOOD

**人氣 NO.1 的大滷麵**

大滷麵是人氣第一名，每一碗都是現做，彈實的手工麵搭配濃稠的湯頭與數不清的佐料，有親切的家常味道。

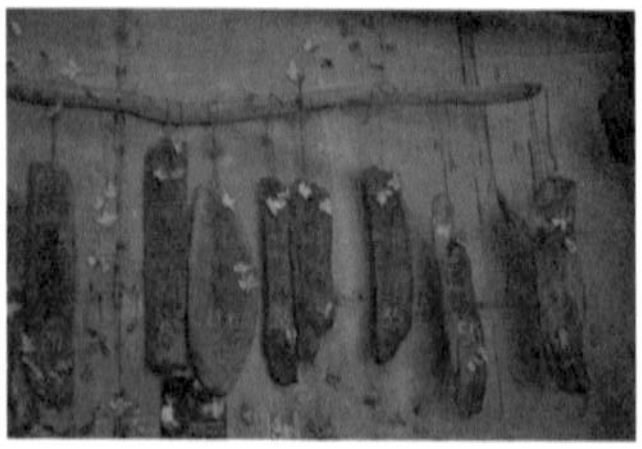

13

# 大和阿嬤冰仔店

## 手工黑糖剉冰香甜濃郁

## INFO

地址：花蓮縣光復鄉大富村明德路 21 號

電話：03-873-1018

營業時間：09：00 ～ 17：00，冰品僅夏季售，黑糖四季皆有

費用：黑糖清冰 20 元、剉冰 35 元，可任選 3 種配料

這裡的冰有兩層，老闆會用碎冰打底，再覆上配料，然後剉出第二層清冰，尖尖的，像聖誕樹一樣，接著是繞著冰錐，一圈圈淋上手工炒的黑糖漿，跟不要錢似的，直到滿滿蓋住，老闆說這樣每一口都能吃到她們大和特有的黑糖美味，記得這因為甘蔗而存在的美好社區。

因為光復糖廠，大家都知道花蓮以前製糖業很風光，連帶著鄉內許多村落也因為蔗糖製作曾經繁榮一時，其中也包括大富車站所在地的大富社區。一九二〇年，日本政府在大豐村和大富村成立大和工場，有多達七千位的蔗工進駐這個鄉鎮村落，那時大富車站是最熱鬧的地區，連帶著車站前的「店仔街」，也就是現在的明德街形成商圈，各種賣店林立兩旁，儼然是一個大市鎮，不過製糖業沒

落，也連帶讓大富社區蕭條沒落，為了重新找回當年的時光，大富社區有不少舊時產業慢慢恢復，甘蔗製糖就是其中之一，而大和阿嬤冰仔店賣的就是在地用手工炒出來的黑糖剉冰做主打。

這間冰店沒有招牌，只有簡單的「黑糖剉冰」紙板懸掛在風中搖擺，老闆陳月琴本身就是社區協會總幹事，她很希望把當年大和工場的繁華景象重現，所以一年前開起了這個小冰店，招牌黑糖清冰淋上滿滿的黑糖漿水，濃稠香甜，是夏季裡的消暑涼方，想要多配點料，也可以選擇仙草、花豆、愛玉、紅豆等甜品，一份三十五元，滿滿的都是在地人的親切味道。

Chapter 4

# 故事建築

每一棟建築都有屬於自己的文化與故事，
在自然生態與歷史空間交織下，
放慢腳步，來趟穿越時光隧道之旅，
一探舊時的生活脈絡和軌跡。

134

124

136

154

130

146

148

150

142

01

# 花蓮創意文化園區

## 百年老酒廠注入文創靈魂

**INFO**

**地址**：花蓮市中華路 144 號

**電話**：03-831-2111

**時間**：09：00～21：00（第 19 棟服務中心）
09：00～17：00（各展館），週一休

**網址**：www.a-zone.com.tw

沒有太過商業化的經營，這裡總是靜靜流淌著自在優閒的因子，標著紅露米酒的人孔蓋讓園區處處飄散著記憶的酒香，看一場展覽，讓文化洗滌都市心靈，在釀酒室裡吃一口蛋糕甜品，就是花蓮創意文化園區變身之後，想要給旅人的一份慵懶。

陽光不那麼炙熱的午後，花蓮創意文化園區的綠茵廣場上，來自台東的原住民歌手巴奈正在演唱，低沉渾厚的嗓音迴盪在園區裡，撫慰人心，寧靜且安詳。這場不需要門票的小型演唱會吸引本在遊逛，或者剛好踏進園區的旅客，或站或坐，一同聆聽這天籟般的樂音。像這樣的表演，花蓮創意文化園區時不時會舉辦，從花蓮酒廠的身份決定轉型為文創園區之後，這裡已經是花蓮市一處很具藝文情調的優閒空間，看看老建築，逛逛展覽，買買手作商品，當然，嘗一杯咖啡或品味一頓美食也是不錯的選擇。

花蓮創意文化園區是日治時期釀造紅酒與米酒的酒廠，原本隸屬於宜蘭振拓株式會社的花蓮港工場，興建於一九一三年，年紀上甚至比台北的華山藝文特區還老一歲，百年之前，所有的建築自然是木造且具有濃濃和風，可惜的是在民國四十年因為花蓮大地震，酒廠的房子倒了三分之二，現在的樣貌是依照原型整建，雖少了斑駁的古韻，但仍依稀能看到那個器械運轉不斷，釀製美酒工程的影子。

＊原稱「原創概念藝廊」的空間，現稱作「事事創意空間」。經過修護後，提供原創手作、工藝作品、新鋭設計與當代藝術等展現的空間。

慢
小心文化

## 老酒廠的建築裡享受現代文創風

偌大的園區維持了酒廠最初的空間設計，被中華路、仁愛路、民國路與民義街四條街道包圍，沒有圍牆，讓居民能與這個兒時回憶中的據點無障礙融合。建築上可以看到日本時代的工法，特有的日式扶壁築法保住了三分之一的舊廠房，也為花蓮留住多棟的歷史建築，譬如目前是安棠德餐廳 (Andante) 所在的紅露酒廠辦公廳；現在是甜品店 ARROW TREE 的酒精倉庫，每棟都有原始的功能與作用，現在則都是餐廳、展示館與表演的場地。

老建築的空間再利用讓可能變為蚊子館的地方有了新生命，花蓮創意文化園區就是一個成功的例子，受委託進駐的經營團隊 a-ZONE 招攬了不少重量級的廠家在園區內落腳，除了前頭所提的 ARROW TREE 與安棠德餐廳，還有理想店鋪、彼得公雞，甚至，安棠德還經營起民宿，

把第二十九至三十四棟原本是酒廠高階幹部宿舍整修之後，變身為一間間充滿日式和風味道的住宿客房，讓旅人有如置身在老日本的懷舊情調之中。

ABOUTGOODS

### 紀念價值的文創作品

即便是轉了型，花蓮創意文化園區依舊處處能看到設計團隊要保留老酒廠的那一份回憶，這樣的堅持也展現在文創商品之上，一個花布包縫合的是酒瓶的樣子，可愛又具紀念意義，讓人忍不住就買了回家。

02

# 慶修院

## 百年三級古蹟的歲月風華

### INFO

地址：花蓮縣吉安鄉中興路 345-1 號

電話：03-853-5479

營業時間：08：30～17：00，週一休

費用：全票 30 元，半票 15 元

網址：www.yoshino793.com.tw

不要以為寺廟都是無趣的，在百歲的慶修院裡，除了瞧瞧佛法大師空海和尚的樣貌，還有機會看到最完整的真言宗八十八尊佛像，當然，遇到大節日還能欣賞來自日本的民謠表演，偶爾也會有紋身手繪可以體驗，走過路過可千萬不要錯過。

一直以為百年古蹟，禪風寺院就該是梵音處處、誦經聲飄揚，直到二〇一四年的暑夏走了趟慶修院，透過舉辦的「納涼祭」活動才知道，原來這處一九一七年就落腳台灣，弘揚日本真言宗高野派的寺院，也可那麼活躍有趣。

納涼祭是由花蓮縣文化局主辦，特別邀請了日本奄美、沖繩民謠演唱表演以及日本山伏神樂團表演的日本古代祭典，雖然活動只有一天，但是為了現場布置的彩色風車卻旋轉了將近一個多月，讓原本氣氛莊嚴的佛家聖地更多點了讓人自在的氣氛。

慶修院代表日本宗教留在台灣的過往，由日人川端滿二募資興建，稱為吉野布教所（吉安之前叫做吉野），當時吉安是日本設定的移民村，這裡變成為當時日本人的信仰中心。主殿莊嚴肅穆，是使用日本特有的「寶形造」規格打造，帶有江戶時期的味道，真言宗的創立者是空海和尚，圓寂之後被尊為弘法大師，所以園子裡可以看到弘法大師的石塑雕像。

## 光明真言百萬遍石碑消災解厄

弘法大師是遣唐使的一員，回到日本後在四國高野山金剛峰寺宣揚佛法，因此在真言宗裡，巡行四國八十八處靈場（寺院）是很重要的修行，虔誠的信徒們都會走上一圈，後來體諒老人家體力，就簡略成為迎來八十八座寺院的分靈佛像供奉在寺廟裡。慶修院也不例外，八十八尊石佛依序立在主殿旁的側殿裡，或許是歷經百年滄桑，舊石佛由一尊尊新刻的石像替代，雖然無法看到古物，但能完整的看到真言宗的八十八尊佛像，也是

難得的經驗。

寺院裡總不乏有信徒希望祈願，在慶修院當中，據說「光明真言百萬遍」石碑能消災解厄，在寧可信其有的想法下，也有不少人躍躍欲試，不過過程並不簡單，除了要有住持帶領，還要跟著繞行石碑一百零八遍，嘴裡還要念「南無大師遍照金剛」，因此，一般遊客大多聽聽，但也讓人敬佩虔誠信徒們的毅力了。慶修院會不定期舉辦活動，大家可以不時跟著臉書更新一下，百年古蹟一樣也能玩得讓人盡興。

ABOUT SCENERY

### 88 尊石佛的守護

弘法大師（空海）曾為世人消災解厄，遊遍四國各地布教，並開創了 88 處靈場。因他行腳布教的足跡為後世追逐，因此逐漸形成所謂的「四國遍路」。據說川端滿二曾行遍四國境內與弘法大師有淵源的 88 所寺院（日稱：「四國 88 箇所」），請回 88 尊石佛，讓信徒能就近參拜，免除了奔波之苦。

03

# 將軍府

## 日本大佐入住的高級軍官宿舍

### INFO

地址：花蓮市中正路 618、622 巷

電話：03-822-4321

營業時間：週二至五 13：30 ～ 17：30，週六、日 09：00 ～ 17：30，週一休

這裡範圍不大，除了左側第一棟整修過的房舍可以入內參觀，基本上其他老房子只能看看外觀，但是只要細心，一樣可以從細節上發現樂趣，例如屋簷上的鬼瓦，又像是七整八修後的窗框，都能看見此處歲月走過所留下的痕跡。

所謂的和風，除了在建築上呈現，如果在活動中也注入多點日本味道，那麼即便沒有真正去日本，在台灣還是有機會體驗類和風的味道，位在花蓮美崙溪畔的將軍府就把這點發揮的不錯。將軍府是美崙溪畔兩排日式房舍其中一棟，這裡在日治時期是做為花蓮港廳高級軍官宿舍而興建，大概完成在一九三〇年代，後期被國民政府做為軍眷宿舍，將軍府是面積最大的一棟，據說日本指揮官中村大佐曾經住過，官大威風大，這棟房子也被稱作將軍府，建築採單棟式設計，有迴廊、日式雨淋板等傳統日本建築的特色。

二〇〇五年，這些房子本來是要被拆除了，後來經過當地民生社區居民以及文史工作者的請願保留，這些走過八十多年時光的老房子才有辦法繼續供人瞻仰。民生社區成立了協會，協會志工則在現場為遊客解說導覽，有興趣聽故事的話可以跟他們聊聊，花蓮市公所跟文化局也舉辦不少活動，每年夏季舉辦的浴衣節就吸引不少眼球，穿著浴衣的遊客慢行在社區裡，尤其是當夜晚日式燈籠柔和的燈光一點，那種隱隱散發的寧靜氛圍，值得讓人一再回味。

04

# 松園別館

## 昔日兵部指揮所變身文藝空間

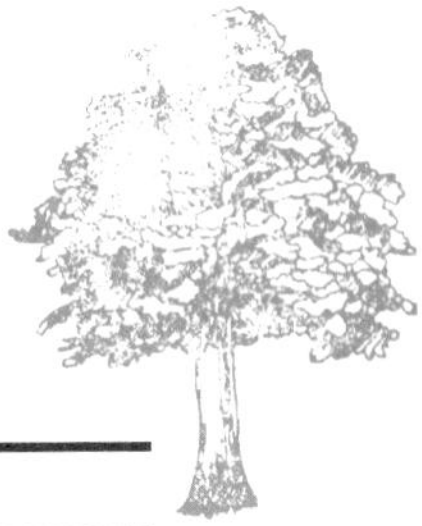

### INFO

地址：花蓮市松園街 65 號

電話：03-835-6510

營業時間：09：00～18：00，每月第二、四週二休館，暑假 09：00～21：00 無休館日

費用：門票 50 元，可抵園區消費；松園餐坊菜單：馬告魚套餐 239 元、松針咖啡 100 元

網址：www.pinegarden.com.tw

原本是冷硬的軍部辦公室，在加入藝文的元素之後松園別館多了一點美學與人文的滋味，在這裡，要避開人潮，或者看看不一樣的別館角落，記得走上二樓，在走廊上找一把椅子，然後，舒服的吹一下來自太平洋的風。

松園別館，光聽名字會以為是哪個文人雅士的度假別莊，其實這裡在日治時期，是日本政府軍事指揮中心兵事部的辦公室，取名松園，也是因為建築物前幾棵逾百年的高大老松，現在也是松園別館重點保護對象。

看著遊人如織的別館各處，很難想像這裡曾被花蓮人私底下稱為鬼屋的廢棄場所，或許是各單位交接的空窗期以及沒有經費管理，松園別館有好一陣子如同廢墟，直到文建會啟動閒置空間再利用計畫，這處園地才能恢復原有的面貌。

別館興建於民國三十一年，因為所在地位置較高，站在草坪外圍的觀海休憩平台木棧道上，可以將花蓮海域一覽無遺，所有船隻都能看得一清二楚，也難怪日本政府會挑選這裡做為兵部指揮所。重新整修的松園別館保留原始的建築風格，主建物是一棟由磚木、鋼筋混凝土建材混合打造的二層建築，屬於巴洛克風格折衷式主義，一、二樓的拱廊與日本風格濃厚的屋瓦，以及屋內的拉門氣窗、木桁架天花板，處處顯現簡約與優雅，現在已經做為展示空間與首創商品工坊的承租與使用。

太平洋詩歌節

## 避難防空洞解讀神風特攻隊

除了主建築以外，園區內有不少地方可以看到刻意留下來的遺跡，從大門進入往右側行走會看到一面有著鏽鐵的防爆門，這不是日治時期的產物，是國民政府來到這裡後重新打造的防禦鐵門，厚達四公分，前面是鐵板，後面是鋼筋水泥，據說是為了彈藥庫打造。

防空洞是最近才整修開放的空間，入口通道窄小，僅容一人通行，內部也不寬敞，大約只能擠入十幾、二十人，加上空氣悶熱，很難想像避難時窩縮在這裡是怎樣的心情。園方在洞裡展示跟神風特攻隊有關的事物，包括隊員們敬飲天皇御前酒的黑白照片，以及對特攻隊的簡略介紹。

ABOUT SCENERY

**太平洋詩歌節**

園區內，比起前方的松林處處，後面的生態池與小木屋就給人一種生氣勃勃的感覺，生態池是別館每年舉辦太平洋詩歌節的場地，這裡原本是日軍為了防火而打造的救災水池，一旁的小木屋在當時則是日本軍官開會的場所，現在則是供外界承租，舉辦會議、獎座的空間。生態池的美景則要靜靜的坐下來欣賞，原本的通道成為半露天餐坊，提供美味糕點與餐飲。

05

# 花蓮鐵道文化園區

## 台灣僅存舊東線鐵道基地遺址

### INFO

地址：花蓮市中山路 71 號

電話：03-833-8061

營業時間：08：30 ～ 12：00，13：30 ～ 17：00

週一及國定假日休

網址：ualienrailway1909.blogspot.com

不管是公路還是火車，都是前人辛苦開拓，後人才有機會享受便利交通的成果，對於花東鐵道的興起，日本政府出了不小的力量，這些故事都可以在花蓮鐵道文化園區清楚看到，從老舊的圖文照片裡，遙想那個窄軌、輕軌列車一路晃到台東的古老年代。

乘坐在舒適的普悠瑪與太魯閣號上，很難想像以前日本政府為了東部鐵道的通行花了多少心力，海路與陸路同時進行，還要翻山越嶺，花了十七年，最終才有東部鐵路的存在，那時稱作東線鐵路，現在的舊東線鐵道，可以從花蓮港行駛到寶桑（現今的台東），而掌管這一切行政事務的機關叫做鐵道部花蓮港出張所，就位在現今花蓮鐵道文化園區的一館所在地。

遊逛園區，不難想見花蓮縣政府想把日治時期花蓮鐵路的風貌盡量呈現的用心，即便撤了鐵軌，沒了火車行駛，透過一些辦公處所與庫房機關，遊客們還是有機會能從老房子與舊設備裡，描繪那個熱鬧的年代。文化園區目前有二個館區，一館就是主要的辦公處所，也就是鐵道部花蓮港出張所所在地，當年這個機構可說是台灣花東鐵道的掌理中心。出張所，在日文意義裡指的是出差辦公室，用白話來說，就是當時鐵道部在花東的分部，權力非常大。

## 細賞老車站，緬懷舊時光

一館是園區的文化館部分，有出張廳舍及中山堂等設施，經過整修的出張所屬於四合院格局，這棟建築建於一九〇九年，在一九三二年做了修建，最大的特點在正面主堂大門上方屋頂一處歌德式高塔設計。館內陳列不少舊時鐵道相關圖文設備，包括維修設備，室長站辦公桌椅，還能發現舊式硬紙卡車票的櫃子，以及舊式售票口，最貼心的莫過於搭建了一小段鐵道，還有一個可以休息的可愛火車車廂。如果無法想像以前的東線鐵道花蓮站車站樣貌，記得仔細看看特別搭建的一九七〇年代花蓮火車站模型，多少可以理解那時的繁華情況。

與一館僅有幾步之遙的鐵道文化園區二館，是屬於警務段與工務段辦公廳舍所在地，也是東線鐵道遺址的部分，與出張所的指揮辦公功能來看，這裡負責保養維護與鐵道安全的職責，入口處右側是工務段辦公廳舍，建於民國三十五年，現在將空間承租給業者，作為鐵道食

堂經營，餐館可以吃到花蓮在地的美食，包括原住民風味餐，大和的甘蔗汁，以及有機磅蛋糕。

工務段辦公廳對面是一個圓形廣場，旁邊是一棵可以遮蔭乘涼的大榕樹，有趣的是榕樹下還有防空洞，對於避難這件事，久經戰亂的人一點也不含糊。圓形廣場有時會有表演活動的安排，廣場再過去有幾棟建築就是屬於警務段打理的空間，包括舊武道館（鐵路警察局）、拘留所、現在都已經是文創商品的展示販賣空間了。

ABOUT GOODS

### 回味舊時鐵道記憶

館內貼心的陳列許多舊時鐵道相關器具，不論是想回味舊時鐵道樣貌，或是沒來得及參與舊鐵道時光的人都可以從中細細觀察代表著歷史印記的點滴。

06

# 郭子究音樂文化館

## 洄瀾音樂之父故居

## INFO

地址：花蓮市民權七街 1 巷 10 號

電話：03-822-4245

營業時間：09：00～12：00、14：00～17：00，週六、日休

「我只是一個平凡無奇、不停行動的音樂使徒，從音樂，從生命得到感動，並且期望回應，擴大它鳴生的喜悅。」

——郭子究

對於音樂的執著，可以是呈現在一章章樂音飛揚的五線譜上，然後成就舉世聞名的曠世絕作，也可以是安於一方縣城，培育一個個可能是天才樂童的教室裡，安穩的做一位教育英才的師長，郭子究，就是這樣奉獻他對音樂的喜愛，在一張張渴求知識的臉龐上，訴說音樂的美妙之旅。

比起享譽國際的音樂大師，郭子究在世界，在台灣某些鄉鎮，或許默默無聞，但跨過中央山脈，在風光明媚的花蓮，他是洄瀾音樂之父，是花蓮中學師生裡一頁不可抹滅的篇章。出生在屏東，卻在花蓮貢獻了三十四年的音樂教學生涯，花蓮人是感激的，為了紀念這位花蓮音樂之父，文建會與花蓮文化局規畫了音樂文化館，使用的是花中教職員宿舍，一棟棟都是深富古意的日式建築。

文化館裡處處都能看到郭老師留下的手稿與作品，花蓮人耳熟能詳的「你來」、「回憶」、「期望河水清」等都是他的創作，紙張泛黃的樂譜被好好的保存在玻璃櫃之內，對於花中的老校友來說，這些都是求學時代的回憶，代表著一段美好的時光。

ABOUT GOODS

**歲月承載 手製維護的心力**

在那個資源貧乏的年代，老師們也要自己負責樂器的修理，所以館裡還有不少他修理樂器的工具和樂器。

07

# 校長夢工廠

## 校長之鄉延續教育大夢

## INFO

地址：花蓮縣鳳林鎮民生街 16 號

電話：03-876-4779

時間：08：30 ～ 12：00、13：30 ～ 17：00

要怎樣的風土民情才能讓一個鄉鎮出了一百多位校長？或許質樸踏實的風氣，也或許是青山綠水的明媚風光，不管原因為何，校長之鄉的名號，鳳林鎮肯定當之無愧。

花蓮有不少鄉鎮是日治時期作為日本人移民村而規劃，鳳林鎮是其中一處，因此也保留不少和風建築，包括從鳳林火車站走路只要幾分鐘就到的校長夢工廠。大家都清楚鳳林水好、人好的優點培育不少教育英才的校長，為了將良好的教育理念傳達下來，在文建會閒置空間再利用的計畫下，鳳林鎮公所將前身是鳳林支廳長官舍，也是第一屆鳳林國中校長張七郎宿舍的建築，修整翻新後，變身為校長夢工廠展示館。

這是一棟傳統的日式屋舍，於一九二九年打造，面積不大，但是格局方正，全是木造結構，館內主要陳列當地超過五十位校長的圖文介紹，包括親自走訪這些校長所完成的口述史實，讓大家認識鳳林的校長是怎樣培養出來的，甚至有機會的話，還能讓一些退休的老校長們親自解說呢。館內還有一些學校常見的教學用具與器材，譬如古老的英打打字機、錄音機、大算盤等，還有腳踏式風琴，都讓五〇、六〇年代出生的人宛如回到兒時的歲月。

ABOUT GOODS

### 敬惜字紙的精神

校長夢工廠館外搭建了一座敬字亭，也是花東第一座敬字亭，代表當地對文字的尊重，也讓後代學子在學問的追求上能秉持最初的那份真誠。

08

# 鳳林菸樓文化聚落

## 見證花蓮客家族群勞苦精神

拍攝／江明麗

**INFO**

地址：花蓮縣鳳林鎮大榮二路 30 號
（徐家興菸樓）

沒到過鳳林，不知道菸樓長什麼樣子，到了鳳林，才知道還有四十二棟菸樓建築被好好的保留下來，無論新舊。菸樓見證了台灣製菸葉的一頁歷史篇章，透過菸樓，更能體會老一輩人支撐家族生活的堅韌。

日治時期台灣有不少的政策實施，包括林業、鐵道、糖業、製菸等，大家都耳熟能詳，也從一些保留下來的遺址或產業可以了解那時的一些建設，其中菸葉遺留下來的菸樓因為歷史比較久，除非有經過整修，不然一般菸樓大多已經頹敗，更遑論了解製菸的過程了。

東部保存最完整的菸樓建築，集中在有校長之鄉稱號的鳳林鎮，這裡客家人居多，當地人為了因應日本政府收集高經濟作物的菸草便大量種植，使得鳳林菸樓幾乎處處可見，甚至形成一個聚落，比美濃、壽豐等地更多、更集中。

菸樓大致分為廣島式及大阪式，都會有一個閣樓式的排煙口，菸葉在閣樓裡燻製，廣島式建築多為L型，最大的特點是天窗設計在屋頂之上；大阪式則在爐灶上直接設排氣口。菸樓的牆壁為了保持恆溫是用扎實的土埆磚搭建，也會摻一些稻殼、稻梗，更容易保溫以節省柴燒的使用。

攝影／江明麗

攝影／江明麗

## 徐家興菸樓與廖快菸樓

鳳林的菸樓集中在大榮一村、二村以及北林三村這幾個地方，最具代表性的是位在大榮二路上的徐家興菸樓，這是徐家兄弟在民國五十六年完成的菸樓，屬於大阪式，一開始是木柴燒製烤菸葉，後來用過一段時間的電腦控溫，直到民國九十二年被花蓮縣政府接受後做為文化建築開放參觀，現今樣貌是經過修改後的樣子，木條與白牆相間，看起來很像歐洲當地的木構建築。

另一棟也是大阪式菸樓的廖快菸樓，因為主人廖快阿嬤而因此命名，這棟是內政部、客委會在鳳林出資重建四棟菸樓其中一棟，建築前有一棵高大的龍眼樹。這裡目前並無專人管理，但遊客還是可以自由參觀，從外面就可以觀察位於底層的爐灶口，進到裡面參觀，窄小不通風的環境，讓人不禁佩服當年鳳林人不眠不休製作菸葉的勞苦精神。另外較知名的菸樓還有林金城菸樓、余家莊菸樓，是了解菸業如何製作最完整的一處聚落。

攝影／江明麗

ABOUT GOODS

大阪式的菸樓是鳳林最常見的，它們通常在爐灶上直接設有排氣口，造型仿日本的大阪城。

09

# 阿之寶手創館

## 老房子裡尋找台灣60個美好品牌

### INFO

| | |
|---|---|
| 地址： | 花蓮市中山路 48 號 |
| 電話： | 03-835-6913 |
| 營業時間： | 11：00 ～ 21：30 |
| 費用： | 每人低消 80 元、有機花草茶 140 元起、阿之寶特調 150 元、魷魚螺肉蒜 280 元、蜂蜜照燒雞腿 250 元 |
| 網址： | www.a-zhi-bao.tw |

光看外觀就很想推門進去，一走進店內就知道荷包要大失血。阿之寶在老建物新空間裡，用心的介紹台灣的創意品牌，透過精巧的擺設，老字號的特產也會有時尚的樣貌，勾起人的購物慾。

阿之寶，是老闆娘女兒的小名，為了展現台灣在地美好的創意，除了收集六十種很有特色的商品品牌，還特別尋找空間做為陳售，希望大家都能親眼觸摸或品嘗台灣的美好。原本只是成立一處小空間，於二〇一三年初找到了一棟老建築，在經過重新修整後，搖身成為一處可購買手創產品，知名特產與享用美食的地方。

阿之寶手創館是立於中山路與花崗街交叉口的一棟三層樓獨立建築，這裡原本是日治時期大型商會賀田組的花蓮辦公室，後來做為朝日組與更生報的辦公處所，也曾是七海報關公司，安隆運輸公司的據點，外牆都還保留這兩家公司的名稱。

a zhi bao
阿之寶

## 玩味館、手創館、瘋茶館，三處空間三種體驗

重新易主的建築有了新風貌，阿之寶的老闆把空間設計的更藝文，一樓是玩味館，有許多充滿古意的雜貨或古董，除此之外還可以買到不少台灣老品牌的醬油跟調味料，譬如恆泰豐行出品的麻油，大越老醋出品的梅子醋，還能看到畫著紅蝦子的古早菜盤，不過要強力推薦的是黑金通冰淇淋，有香蜜芭樂雪酪、東方美人茶、紫羅蘭野莓、愛文芒果雪酪等八種口味，這些都可以買回家。

二樓的手創館，主要是陳列年輕人的手創作品，不管是項鍊、布包、絲巾、不織布髮飾與襪子娃娃等等，都很受到小女生的喜愛，其中有五〇年代仕女圖為封面的筆記本，很有老上海的味道。三樓是純粹的餐廳空間，為了加大空間感，老闆刻意用玻璃搭配木架做為樓層隔間板，這樣上下樓層都能看到景觀，視野絕佳。

三樓是瘋茶館，老闆開了大量的窗框引進明亮的光線，

客人最愛坐在靠窗的位置，欣賞中山路上車來人往的熱鬧景象。這裡的餐點每道都很有特色，會不定期更換新菜色，魷魚螺肉蒜、味噌合鴨蔬菜鍋、香酥排骨及蜂蜜照燒雞腿等是人氣料理，魷魚螺肉蒜是老台菜口味，味噌合鴨蔬菜鍋用的是玉里養的鴨，台南老品牌的味噌搭配湯底，蜂蜜照燒雞腿採用了東山龍眼釀的蜜烹調，可見老闆對於料理的誠意與用心。

ABOUT GOODS

### 斑駁卻帶著溫度的古物

玩味館中，可以看到台灣一些老雜貨，有些陳列櫃還是老古董，讓館內散發濃濃的古意。

Chapter 5

# 美好旅宿

旅宿，是通往美好旅程的驛站。
選一間能融合心靈氛圍的住所，
為自己展開一場奇幻旅程，
在花蓮，開始你的美好經驗。

172
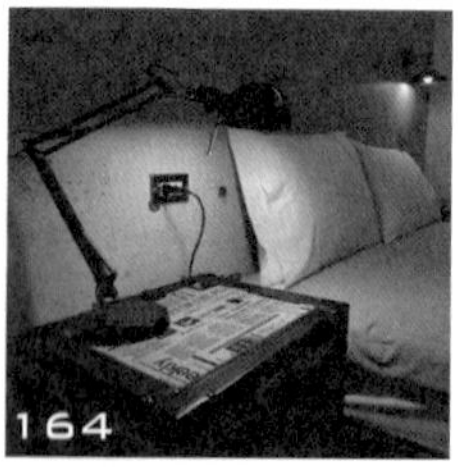
164

196

200

160

182

幸せな
我在旅行
I AM TRAVELING.
168

178

190

186

01

# 海傳民宿

## 看太平洋的海　吹太平洋的風

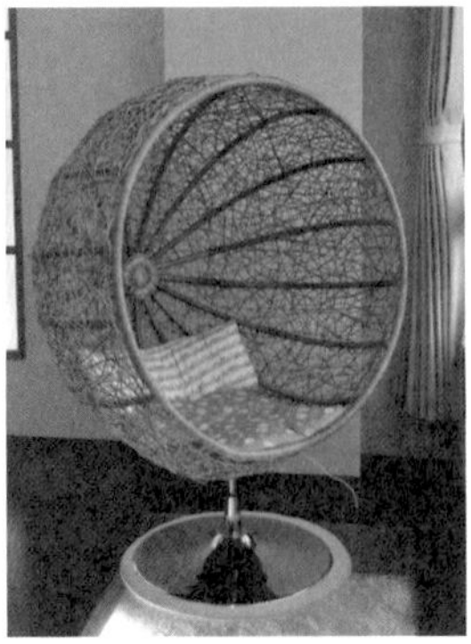

### INFO

地址：花蓮縣花蓮市海濱街 4 號

電話：03-834-8818、0980-846-471

營業時間：進房 15：00 後，退房 11：00 前

費用：歐風海景雙人房平日 2900、假日 3600 元，尊榮新貴海景雙人房平日 4200、假日 5400 元，浪花朵朵四人房平日 4980、假日 5850 元

網址：www.view-ocean.com.tw

住在這裡的好處就是看海不用出房間，躺在床上，太平洋美麗的海景就會自動送到眼前，日出時刻是民宿奉送的禮物，月出海的景色則要看老天發通告，無論哪一種風光，不用起身，躺著就能看到，對超懶的人來說，這兒，就是天堂。

如果有一間民宿，可以讓人無時無刻看到海景，可以在舒服的床上看著旭日東昇，可以在月滿時分，靜靜等待圓月躍出海面，那是很幸福的一件事；而僅隔著堤防，直接面對太平洋的海傳民宿，正是這樣的夢想之地。

海傳是花蓮開了七、八年的海邊民宿，恰恰落在海濱街上，一開始的時候還引起媒體注意，除了邀請藝術家楊奉琛、也是楊英風之子的石刻作品裝飾建築外牆以外，打破路沖的禁忌把雙拼建築蓋在中華路底的勇氣也讓人佩服。大型的石刻作品覆蓋了整間民宿的正面外牆，以

攝影／江明麗

太魯閣峽谷一線天的意境呈現，採用蛇紋石創作，氣勢磅礡。

民宿的主人古貴珠親切熱情，老客人跟朋友習慣叫她古姐，對於民宿客人，她都是以朋友的身分接待，不管是台灣的遊客，還是來自大陸、星、馬的朋友。這兩年花蓮多了不少自由行的客人，尤其是大陸地區開放自由行小團體的旅客，常常能在海傳遇到來自上海或北京的自由行客人，旅客們大都很有品味，也很健談。

## 早餐就吃水果大餐

民宿的房間在二到四樓，古姐體恤客人搬運行李的不便，特別打造了電梯，房間就在電梯的兩側，一層樓有二房，每一間都面海，每一間也面山，住在這裡可以同時擁有山海美景。房型共有五種，喜歡浪漫一點的可以住歐風典雅海景房，喜歡三代同堂的可以選浪花朵朵房，日式和風海景房特別在床頭設計了造景窗，裡面擺

了許多海洋小飾品，讓人有如置身海底世界一般。

在這裡吃早餐是件大事，愛吃水果的古姐把花蓮當季盛產的水果擺放在一樓餐廳的咖啡長檯上，不知道的人還以為到了哪個水果攤，不過只要是海傳的住客就可以免費吃免費拿，除了火龍果、蓮霧、台東釋迦，如果季節對的話，記得還有必吃的黃金果，嘗起來口感綿密香甜，市面上也很少見。餐廳外是種滿各種花卉的庭園，坐在這裡可以看著海堤上來往散步與騎車的人，一旁是古姐新蓋好的別館，一樣的大玻璃窗景，一樣的可以獨擁太平洋最美的時光。

ABOUT FOODS

### 大快朵頤的當季水果

海傳的住客都可以在早餐時就品嘗到花蓮當季盛產的水果，這是愛吃水果的古姐特別用心準備的，來到這裡別忘了好好的吃頓水果大餐喔！

02

# 仁愛小公館

## 純白建築流洩美式風情

### INFO

地址：花蓮縣花蓮市南京街 192 號

電話：03-835-6158

營業時間：進房 15：00 後，退房 11：00 前

費用：美好雙人房 2000 元起，經典商務雙人房 2200 元起，經典商務 4 人房 3200 元起，北歐家庭房 3200 元起

網址：www.raguesthouse.com

挑一間旅宿，有時不需要太多條件，第一眼喜歡就可以，而很多人在第一眼看到仁愛小公館，通常就會訂房了，因深怕錯失入住這棟純白建築的機會，體驗宛如美國公路旅行中，迷人旅店的感受。

站在店門口喝著傳統口味的黎明紅茶，很難不注意巷子遠方那一抹若有似無的白，在灰撲撲的水泥建築裡特別引人注意，步行五分鐘後，一棟大約四層樓高的純白建築矗立在眼前，圓圓的燈飾招牌上寫著「仁愛小公館」，讓人以為花蓮市又出了一套精緻小豪宅，裡頭住著OL或商界菁英，沒想到，卻是一間旅人皆可入住的現代時尚旅宿。

仁愛小公館是Elsa與Ken這對小夫妻的作品，兩人在花蓮從事室內建築設計的工作，多以商業空間為主，小公館是他們第一個屬於自己的創作與小天地。這裡原本是一間經營四十年的老旅館，以前叫做仁愛別館，跟著旁邊的仁愛街取名，夫妻倆沒做多大變動，只是把別館改成小公館，多了那麼一點巷弄精緻的風情。

小公館總共有十間房，整體設計偏向工業風，所以空間裡處處可見精修後的裸露管線，一樓大堂地面是刷了灰白的水泥地板，散發著俐落簡潔的味道，大門外最吸引人的除了全白的外牆，還有一台復古的美式加油機，以及一片貼滿美國各大洲車牌的牆面，讓人體驗了一趟美國公路旅行的FU。

## 工業風設計散發紐約都會味道

開幕不到半年，仁愛小公館已經有來自上海的旅客，環顧空間裏宛如蘇活區的時尚 LOFT 風格，無怪乎海外的嬌客願捨大飯店而窩在這裡了。

一樓大堂有一台匣式放音機，為空間提供了美國酒吧的懷舊音質，客人們總愛坐在點心吧旁的位子，一邊品著咖啡，一邊看著落地玻璃窗外往來的人群，幾套桌椅也是小倆口淘寶來的東西，同樣走工業風，光是聊一把椅子的風格，就能串起主人與住客談天的話題了。

房間的設計不繁複也不過於花俏，Elsa 只希望住客能在這裡擁有最舒適的睡眠環境，所以色彩偏向典雅柔和，地板選擇可經年使用的環保木紋材質，防刮好處理，又不脫純天然的味道。房間裡若有似無的飄散著一股讓人寧靜的香味，這是 Elsa 特別選自泰國皇家香氛品牌 Hannt 的香氛味道，香木搭配肉桂，清淡舒服。

住在這裡不用擔心花蓮美食小吃離的太遠，廟口紅茶、怡味餐館、液香扁食、公正包子、文創市集等熱門景點都在十分鐘以內的路程，住客們只要有超大容量的胃囊就夠了。

ABOUT GOODS

**遠渡重洋的法國布娃娃**

為了締造些許溫馨的氣氛，房間內的諸多備品特別選自台灣品牌艾瑪花園，室內的布偶大多來自法國，尤其親子房內木架上的可愛布娃娃也是來自法國的雜貨。

03

# 花蓮天晴・Home 青年民宿

## 從現在開始旅行吧，青年們！

## INFO

**地址**：花蓮縣花蓮市國聯三路 114 號

**電話**：0921-211-511

**營業時間**：進房 15：00 後，退房 11：00 前

**費用**：七月七日晴雙人套房 2500 元（限時優惠價 1500 元），就是黑雙人套房 2500 元（限時優惠價 1500 元），好山水房單床 500 元，環島房單床 400 元，倉庫房（女孩單人）600 元，藍色那一間雙人套房 2300 元（限時優惠價 1300 元）

**網址**：homehostel.pixnet.net

**注意事項**：房間不提供牙刷、牙膏、毛巾等個人備品，請自備，可免費無線上網

只要五百塊，就能在花蓮鬧區有乾淨的住宿，這是花蓮天晴・Home青年民宿給予旅人們的貼心安排，因為自己也曾是背包客，深知喜歡旅遊又阮囊羞澀的不便，所以，天晴・Home開了，有雙人房，有單人房，也有單床背包房，不僅乾淨，而且舒適。

看著台灣民宿的價格慢慢比上星級飯店的同時，不僅懷疑，這世界上還有沒有一張孫中山或是蔣中正就可以安心住上一晚的乾淨的，在鬧區的民宿，直到在花蓮火車站後方，看到喜歡旅行，跑過太魯閣馬拉松的天晴・Home青年民宿的年輕主人阿銘，心中慶幸，這世界還是有人了解領22K，也想體驗旅行真諦的青年旅客的甘苦。

阿銘從很早以前就有開間民宿的夢想，但如同時下領工資的年輕人一樣，沒有多餘的資金，但因緣際會之下，遇到了台東天晴民宿的老闆阿東，知道開民宿不一定要

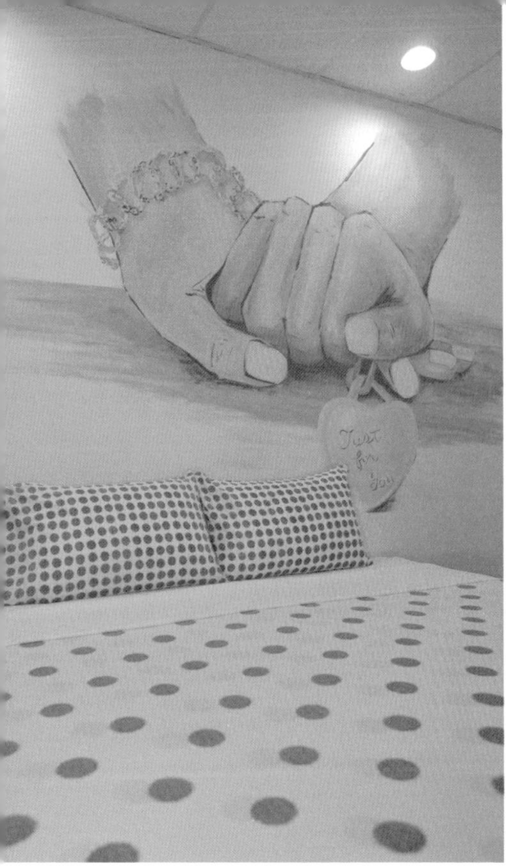

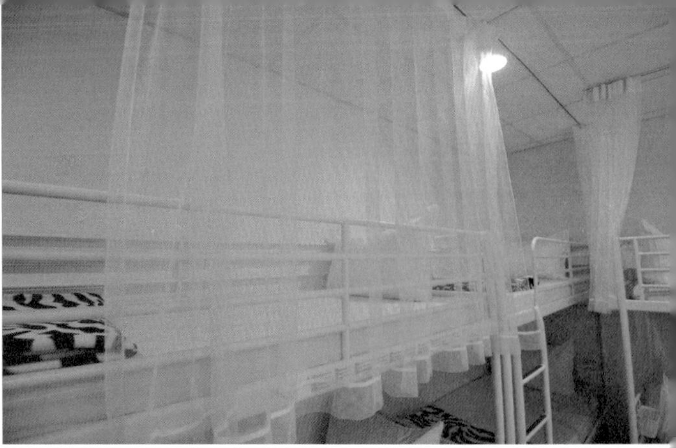

花大錢，只要自己肯動手，一樣可以實現夢想，花蓮天晴・Home就是阿銘與一些好朋友的幫助下，順利的在三年前完成了。

花蓮天晴・Home是阿銘租了一棟三層樓的透天厝打造的都會青年民宿，整個空間散發自由年輕的色彩，房間集中在二、三樓，有雙人套房、單人房，也有提供床位的青年房，一樓是住客們聊天聚會的地方，沒有制式的桌椅，只有一方大大的矮方桌，搭配四個舒服的懶骨頭沙發，這裡時常會響起吉他聲，CD音樂聲，還有，青春歲月裡特有的爽朗笑聲。

## 彩繪壁畫裝飾民宿房間

民宿的房間裝潢大多是阿銘與朋友一起彩繪的壁畫，七月七日晴這間就是阿銘的親手畫作，來自一段未能完成的戀曲故事；好山水青年房有五張單床，提供給來自各路的背包客，牆上的山水壁畫有中國黑白潑墨畫的意

境，比較讓人驚喜的是阿銘又新打造了二個房間，老客人有時間不妨回去重溫舊夢，三樓的倉庫房限女生入住，因為阿銘體貼在外單獨旅行的女孩子，有些不習慣跟陌生人同睡一處，但又礙於預算，所以設計了這間散發夢幻紫的單人房。

另外一間只提供給老客人跟好朋友到花蓮時有個落腳的地方，也叫倉庫房，但也能暱稱為朋友房，這裡位在民宿的地下室，原本真的是間儲物室，但是整理過後煥然一新，阿銘甚至把自己的私藏寶貝貢獻出來擺在架上，譬如收藏的台灣職棒簽名球衣還有動漫玩偶，最有趣的是一台復古的投幣式七七七遊戲機，據說還能用呢。

ABOUT GOODS

**激勵人心的勇者簽名版**

為了鼓勵大家行腳台灣，民宿外面的牆壁特別做了一個勇者環島簽名黑板，只要曾經環島一圈，不管是開車、騎車還是騎鐵馬，都能在這個版上寫下自己的大名，看著密密麻麻的簽名板，不得不佩服台灣人對於環島旅行的熱中程度了。

04

# 立德布洛灣山月邨

## 來自太魯閣的問候 Ma Lu Su

### INFO

地址：花蓮縣秀林鄉富世村 231-1 號

電話：03-861-0111

費用：山月雙人套房訂價 5100 元，
部落 5～8 人套房訂價 10200 元，
頭目套房訂價 7650 元，
山月套房一泊二食 2 人成行每 2300 元起，
部落套房一泊二食 2 人成行每人 2000 元起。
「當山豬遇到巴黎鐵塔」套餐 580 元，
IDAS 部落套餐 480 元，德魯固簡餐 280 元

網址：www.leaderhotel.com/blw/leadervillage

早晨在鳥鳴啁啾聲響中慵懶而起，空氣總是清新，臉龐滿是笑意，視線所及皆是青翠綠意以及高聳山嶺，在這裡沒有車馬喧囂，所有煩惱都可以因一樹一花或一抹飄渺的薄霧消失遠去。

Ma Lu Su，在原住民太魯閣族語的意思是見面時的問候，語意為你好嗎？通常被問候者都會回覆「Mu Lu Gu」，代表「我很好」，這兩句問候語是入住立德布洛灣山月邨最常聽到的兩句話，也是邨長鄭明岡讓住客們融入這處美好園地的第一步。

山月邨坐落在布洛灣台地，布洛灣在太魯閣族語裡有個很美麗的解釋，叫做回音，是中橫公路上的河階台地，依傍著立霧溪流，也被高聳的叢山峻嶺環繞，風景絕美，這裡也是前往太魯閣壯闊峽谷風光的入口，曾經是太魯閣族的聚居地，現因山月邨的出現，成為旅客們享受山

林幽靜的度假勝地，至今已邁入第十一個年頭。

太魯閣國家公園釋出這塊土地讓旅館業者進駐經營，限制條件嚴格，但是鄭明岡依舊規畫出了一處宛若世外桃源般的美景地，三十二間木屋套房可以容納二台遊覽車的住客量，不過這裡多見散客的蹤影，團體遊客僅僅是為了豐盛的午晚餐而來。原木打造的客房以馬蹄型規畫建造在二個山谷凹地，總共有三個房型，多是雙人套房還有部落套房，主題房型例如頭目套房也只有個獨立一間，房間內的裝飾都有濃厚的太魯閣族韻味，其中燈飾部分還多是邱長夫人的手藝，房間外都有一個可以休憩看景的戶外小露臺，房客最愛在傍晚時分靜靜坐在小露臺看著前方大片綠草坪上自在奔跑的孩童與貓狗，享受一派的閒適優遊風情。

## 沐浴在太魯閣族動人的樂音中

美食與晚會表演是這裡的重頭戲，尤其是晚會表演，邨長沒有花費鉅資請來專業的舞蹈表演團體，而是讓員工們親自演繹太魯閣族的舞蹈與樂曲，邨內的員工大部分是太魯閣族的原住民朋友，可以透過祖先遺留下來的歌曲以及故事，與住客們分享太魯閣族的美好與榮耀，這樣的連結更顯得感性與珍貴。

山月邨提供有一泊二食的套裝行程，早晚餐都能吃到特別的山林珍饈，譬如看起來很像小白洋蔥的蕗蕎，這是一種蒜科植物，太魯閣族的餐桌上很常見，沾點鹽巴就是不錯的開胃小品。木屋後有一條短短的綠林步道，可以認識不少在地野生植物，是清早晨起不錯的散步路線。

ABOUT FOODS

### 有趣名字的招牌套餐

想要嘗嘗山豬皮或是竹筒飯的話，可以另外單點山月邨的招牌簡餐，較受歡迎的有「當山豬遇到巴黎鐵塔」套餐、IDAS 部落套餐以及德魯固簡餐。「當山豬遇到巴黎鐵塔」套餐名字是邨長取的，聽起來可愛，內容也很豐富，有開胃小米酒、涼拌山野菜、燒烤豬肋排等，IDAS 部落套餐的主食是鹽烤尼加拉瓜菲力或煙燻羊肋排，德魯固簡餐的主食是山月村鹽豬肉炒飯或牛肉燴飯，每一種都值得試試。

05

# 梯田山

仿照荷蘭穀倉打造的鄉居民宿

## INFO

地址：花蓮縣壽豐鄉山邊路二段 83 巷 12 號

電話：0910-156-103（聯絡時間 08：30 ～ 22：00）

費用：青石、紋石雙人房平日 4000 元，假日 4500 元，春節 7000 元；紅石、金石雙人房平日 4500 元，假日 5000 元，春節 7500 元；白石雙人房平日 3500 元，假日 4000 元，春節 6500 元。紋石、白石可加 2 人，每加 1 人加 1000 元（以上含早餐與下午茶）晚餐需預訂每人 450 元

網址：www.terraceresort.com.tw

「山中無甲子，寒盡不知年」正是入住梯田山的感受，或許是房間太舒服，或許是空氣太新鮮，也或許是這裡豢養的白鵝太可愛，總之，在這兒住上一晚，會讓人捨不得離開。

要在梯田山住上一晚，手續很方便，只要上他們官網查詢哪一天有空房，然後趕緊下手，匯款後再知會老闆一聲就可以了。看著訂房表上那前二個月就被密密麻麻填滿的空格，不難想像這裡有多受到歡迎，這其中還不乏是再度回來重溫好夢的老客人，可以想像每個人都被這裡遠離塵囂的美好氛圍網住了。

梯田山民宿坐落在壽豐鄉山邊路一處海拔大約三百多公尺的半山腰上，這裡原本是一層層攀高的梯田，三個將來要退休的好朋友買了地，蓋了房子，經營起民宿就取名為梯田山。三個好友都是高中同學，身為主人之一的

李玠岳從事相關的設計工作，於是蓋房子的事就交給他，後來，民宿的營運也就這麼順當的落在他手上，其他二個人另有工作，只能閒暇之餘來此度度假。

台灣的民宿建築很多元，有些是走日式和風，有些是德國半木構外觀，最多的是藍白希臘造型，梯田山是唯一以荷蘭穀倉為藍圖所設計的居住環境，由於是三個好朋友將來要退休居住的屋子，所以民宿也蓋了獨立的三棟，依照每一位主人的喜好設計，譬如第二棟的主人喜歡泡澡，所以不僅有寬敞的浴室還有大大的澡缸，第一棟的主人喜歡有家人齊聚一堂的溫馨，於是特別打造了一個起居空間，擺上厚實的桌椅，讓親朋好友能齊聚一堂坐下來談天說地。

## 隨心自在的歐洲鄉居時光

李玠岳的小窩在第三棟，這裡也是餐廳的所在地，客人的早晚餐時光就是在這裡度過，餐廳的布置很有歐洲居家的味道，擺放的餐桌椅都大有來頭，大部分是歐洲的古董家具，每一處都滿布著歲月的痕跡，其中有一張桌面都是磁磚的餐桌是從荷蘭運過來，據說有好幾十年的歷史，是荷蘭民居裡常見的樣式，處處透著溫馨。

房間共有五間，分別以青石、紋石、紅石、金石、白石命名，也有意寓花蓮盛產大理石的想法。原木家具散發古典優雅的氣氛，舒適的寢具讓人總能好好的補上一眠，讓人感到貼心的是房間都有泡澡設備，特製的圓形澡盆就在露天之下，不必擔心有人窺視，可以盡情沐浴

在山林清新之氣下。

晚餐不含在房價之內，但可以另外預定，這是體貼客人上山之後覓食的不便，畢竟山裡僅有二戶人家。民宿建築之前是一個眼身而出的木棧平台，這裡可以俯瞰遼闊的壽豐鄉田園風光，遠方就是中央山脈，晨起薄霧飄過，景色絕美。

ABOUT FOODS

**主人家用心的義式料理**

晚餐是義大利家常料理，這是主人特別向旅居義大利的好友請益，精緻且可口。

06

# 花見幸福

## 蓋一棟很美的家，招待朋友來住

## INFO

地址：花蓮縣吉安鄉中山路三段 851 號

電話：0936-168-851

營業時間：進房 14：00 後，退房 11：00 前

費用：蘑菇四人房訂價 7000 元，蜜月套房一般平日 4500 元、暑假平日 4800 元、假日 5500 元、春節 6800 元，鄉村二人套房一般平日 2500 元、暑假平日 2800 元、假日 3500 元、春節 4800 元，鄉村四人房一般平日 3500 元、暑假平日 3800 元、假日 4500 元、春節 5800 元 ，含早餐、下午茶（需 14:00 到 16:30 入住），老客人再次入住打 9 折

網址：www.flower-happiness.com.tw

一片向日葵鮮豔的黃在眼前展開，像春日裡吹拂過清爽的風，帶點甜甜的味道，這是坐落在吉安鄉的花見幸福民宿，一棟乘載著年輕夫妻夢想的城堡。

花見幸福是主人阿旺與姍姍夢想的實現，早在十多年前，他們就有經營民宿的想法，那時姍姍在花蓮某家知名飯店任職，阿旺也還在金澤居民實習，為得就是存夠了錢，一步步打造自己的田野小屋。

民宿的風格很歐風，除了用鮮豔的黃色妝點外牆，後園子裡還設計了一處人工湖，湖邊栽種各種水生植物與花卉，當然，少不了有落羽松的蹤影，野薑花更總是在盛開的季節為這裡帶來舒適的花香。在姍姍的夢想園地，其實最想要的屋子是藍色小精靈居住的蘑菇屋——那種有著傘狀屋頂、紅底白點的可愛屋子，光想像就讓人少女心迸發。因此，他花了好幾個月的時間構思、建造，終於在二〇一五年二月，一間可容納四人入住的蘑菇屋蓋好了！內部空間採上下層閣樓設計，整個氛圍帶有歐式古堡的貴族情調，不僅有獨立的衛浴，連戶外庭園也是專屬於房客；宛如童話成真般，隱藏在森林裡的度假Villa，歡迎每一位旅客的造訪。

圖片提供／花見幸福

## 房間設計走向歐風鄉居味道

處處都有花草的庭園與休憩座椅，民宿周邊給人鄉居田野間優閒自在的氛圍，房間的設計也是相同的格調。木製的床組，搭配小碎花拼布寢室，大床旁邊的矮几上總會有柔和的燈光，推開陽台的門，漂亮的湖景映入眼簾，端一杯咖啡，坐在陽台邊，隨時能感受愉快的度假氣氛。

鮮豔的色彩與輕鬆的調性，讓花見幸福深受情侶與小夫妻們的喜愛，除了二〇一五年新蓋的蘑菇屋之外，其他房型沒有太過繁複的設計，簡簡單單只有三種，卻都很巧妙的融入庭園景色，其中最受歡迎的莫過於獨一無二的蜜月套房，房內最搶眼的就是大大的浴室還有大大的玫瑰馬賽克磁磚浴缸，浴室窗戶用大片玻璃鑲嵌，窗外就是大片的綠林以及山景，邊泡澡可以邊賞景，因為在二樓，不用擔心春光外洩。其他二種房型是鄉村二人與四人套房，也很受小家庭青睞。

ABOUT FOODS

### 貼心準備的生日點心

總是有好點子的女主人姍姍，花了許多心思在下午茶和早餐上，除了以花蓮知名的提拉米蘇為下午茶點心，還會為生日的住客特製獨家的拉拉熊鬆餅，現在也成為民宿最具人氣的點心。下午現做的鬆餅，再以巧克力寫上壽星的大名，可愛指數破表，因為是壽星限定，所以想吃的遊客不妨趁生日入住！

07

# 松海與花

## 許你一段無憂自在的時光

**INFO**

地址：花蓮縣花蓮市水源街 75 號

電話：0932-656-206

營業時間：進房 15：00 後，退房 11：00 前

費用：花園溫馨 4 人房平日 3600 元、假日 4200 元，松園風情 2 人房平日 1600 元起、假日 1800 元，閣樓海景 2 人房平日 2800 元、假日 3200 元，附早餐

網址：www.sea75.com

來這裡不需要等待時節、不需擔心錯過。倚著窗邊亦或露台品茗，一覽大片的松青。飄逸的雲煙，就這樣從窗戶灑進房間，讓人彷彿置身在山嵐的雲海。許多的故事紀錄在這裡，水落下的火花、風的鳴唱，過往的人們留下的細語……一晃眼 百年過去松海依舊。——截自松海與花官網

泡一杯茶，優閒的坐在民宿四樓的陽台，遠方是熱鬧的花蓮市市景，還有蔚藍的太平洋與蒼翠的海岸山脈，空氣中聞不到海洋的味道，卻能幻想那白浪拍岸沙沙聲響，近處是一棵棵蓊鬱勁拔的青松，一年四季，以常綠陪伴，松海與花民宿離松園別館走路只要五分鐘，這也是民宿主人周雅琴之所以取名的原因。

松海與花坐落在較為寧靜的水源街上，經營到現在已經有七年的時間，這裡的建築一整排都是透天的連棟別

墅，當初周雅琴購屋時要做為家人居住使用，所以在空間規畫與家具的採買上都花了心思，後來因為老人家離不開舊家老宅的親朋好友搬了回去，這裡才正式改為民宿經營。

民宿格局有四個樓層，總共有四間房，除了三樓之外，每一層都只規畫了一個房間，所以空間非常寬敞，各有各的風景與韻味。松海與花給人的初次感覺其實是帶點中國古典元素，這樣的印象來自於一樓的擺設，客廳與餐廳中間用一個半人高的木櫃隔開，木櫃色彩穩重，像大戶人家的傢俬，除了竹編手把的沙發椅之外，還有一把坐起來很舒服的太師椅，因為總點著燻香，所以廳堂總瀰漫著一股清香，讓人心緒不自覺沉靜。

## 住房陽台窗景攬進太平洋風光

細心的住客會發覺空間裡處處可見造型非常藝術化的原木，這是周雅琴兄長的作品與收藏，有些是造型特殊的漂流木，有些是拋光打磨過的檜木香瓶，是主人對兄長的念想。房間的氛圍是自在舒適的，主人很喜歡用竹簾做為隔間，二樓的四人房就有一整片的竹簾垂飾，用來隔開浴室與床鋪空間。三樓有前後二間房，靠近陽台這一間剛換過床組，從印尼進口的原木四柱床搭配紗帳，讓寢室有了浪漫與典雅的味道。四樓的房間與風景無疑是民宿條件最優的，大片落地窗讓戶外的光影灑入，不用跨出陽台就能看到海洋風光。

因為靠近松園別館，加上民宿對面就是自來水廠，民宿

的客人每每入住之後，總會在下午時分慢慢散步去看看這處以松林聞名的古蹟，只要是營業時段，旅客能從自來水廠大門進入，走走他們的園區木棧道，兩旁種植著山櫻與樟樹，鳥況非常好，不時吹來的微風讓人心情舒暢，而穿過自來水園區就有捷徑可以抵達松園，花不到十分鐘步程。民宿周邊有不少私房餐廳可以打牙祭，早餐可以嘗嘗主人料理的西式餐點，晚餐可以去十分鐘外的知名火鍋餐館牛番茄日式涮涮鍋，招牌番茄湯底是店家每日以新鮮番茄熬煮，健康又美味。這裡雖沒有名家設計，但絕對能許你一段無憂自在的時光。

ABOUT SCENERY

**隨處可見松樹之美**

如同官網上的形容，在這裡不用千里跋涉到深山，便能欣賞松樹之美，這一方居所能同時擁有松的傲骨以及花的柔美。

08

# 噗嚨共

## 蔚藍天際下的白色夢想城堡

### INFO

地址：花蓮縣壽豐鄉志學村忠孝 147 號

電話：0989-373-785（聯絡時間 09：00 ～ 12：00
14：00 ～ 20：00）

費用：天空之城、回憶全年 4500 元，春節 5980 元；NO.1208 全年 4800 元，春節 6500 元；漂浮雙人房全年 4800 元，春節 5980 元；NO.26 四人房 6500 元，春節 7980 元

網址：www.jojo33.com.tw

注意事項：婉拒 12 歲以下的小朋友入住

硬要歸類，民宿風格有點現代與工業風的影子，但最多還是主人不受限制的想法，光在細節上就能讓人品味許久，所以噗嚨共的客人進房最先做的都不是放行李，而是拍照，說的也是，誰能不對這漂亮的地方嘖嘖讚嘆呢。

站在民宿的大門前，很容易就被這遼闊的景致吸引住，不同於加高疊砌的棉宿建築，噗嚨共似是不與天地間的美景爭搶，二層樓不規則堆疊的方屋靜靜的矗立在藍天白雲以及翠綠草地上，風，輕輕的吹過，讓人不自覺的就喜歡上這裡的自在與優閒。

噗嚨共民宿是Jojo從台中移居花蓮時，自己設計的居所，二〇一四年七月開幕，她是一個開朗的媽媽，帶著女兒Joyce落腳在壽豐鄉志學村廣袤的田野間，相對於豐田火車站附近繁華的市街，望眼望去，民宿周邊的建築非常

稀少，所以驅車在前往民宿的道路上，大老遠就能看見外觀非常顯眼的白色建築。

覺得自己個性迷糊，有時會少幾根筋，所以Jojo很豪氣的把民宿取為噗嚨共，可以看得出她對於生活的不拘小節，但是在某些細節上她也有自己的主見，譬如對於民宿的設計，處處可以看到她的影子。

## 魔術方塊遊戲的概念帶入民宿建造藍圖

Jojo說，小時候玩魔術方塊遊戲的回憶特別清晰，她永遠記得跟哥哥一起翻轉這個遊戲時，後面站著一堆人的熱鬧氣氛，而這個遊戲在有限條件裡可以生出的千變萬化的特色，也時時活絡著她與生俱來的創意，所以，她求學時選的科目雖然是財經金融，卻也沒放下自己擅長的商業設計，直到骨子裡渴望自由奔放的因子某一天迸發出來，她就毅然決然選擇了花蓮，開起民宿，也過起自己想要的生活。

白，是Jojo最喜歡的顏色，所以噗嚨共不管內外，都是大量的白，在外觀上，在餐廳，甚至每一個造型不同的房間，偶爾，可以看到鮮豔的紅，那是在主建物旁的車庫與倉儲空間，一樣很搶眼。民宿房間的完成都有寓意，花費三年時間打造，Jojo沒少跟泥匠、水電師傅打交道，過程總有磨合，但也順利完成了她想要的空間。

ABOUT

**隱藏在規矩中的巧思**

民宿共有5個房間，從外觀看是一棟方型長屋，看似規矩方正，卻在邊角線條之外能瞧出些許跳脫的設計。

## 房間設計來自天馬行空的發想

天空之城、回憶、NO.1208、漂浮、NO.26，是每一個房間的名字，都擁有大大的落地玻璃窗，Jojo 認為，不要將綠意與風光隔絕在房間之外，不需要出房門也能享受花蓮的美好山水。回憶房，是雙人套房，用吊床的設計讓住客回想小時候睡在搖籃裡的時光，輕輕晃蕩，感覺家的安全與溫暖；天空之城是發想自可以在天空中的城堡入眠，所以床鋪是懸吊在半樓高的地方，正上方是挖空天花板嵌上玻璃的大片天窗，真正實現邊睡覺邊看星星的願望。

相比天空之城紅白對比搭配原木的色調，漂浮雙人的紫色調就是溫柔與浪漫，這個房間是 Jojo 猜想在月球尚無重力存在的感覺，所以床鋪是無支架，離地大約一百公分的漂浮床，很天馬行空，卻也讓人驚喜於主人的設計巧思。

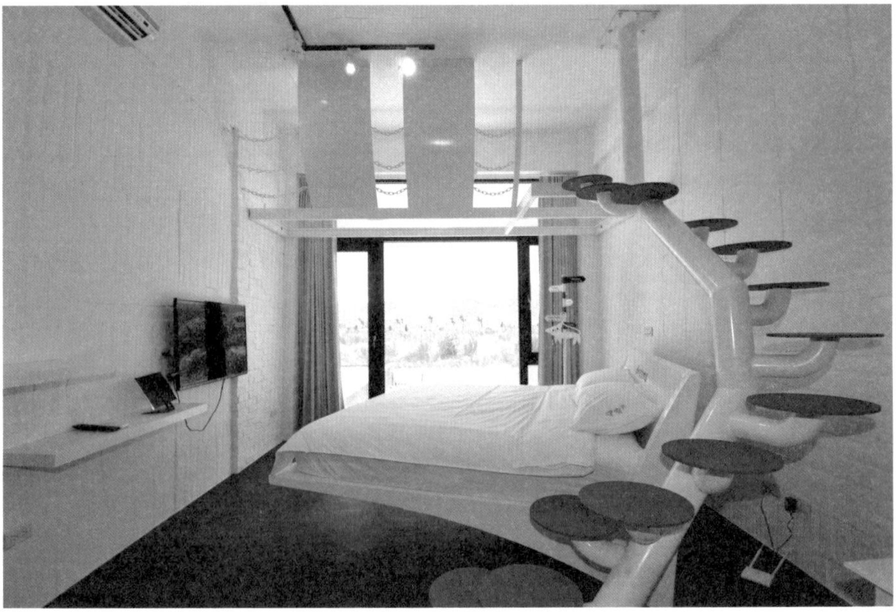

在這裡度假很慵懶優閒，戶外的戲水池可以讓小小朋友來回游泳一番，而水池旁的平台是住客們晚上聊天、觀星的好地方，這裡連著大門，Jojo 有時候會把大廳裡的木桌搬出來放在星空下，與大家聊聊花蓮之所以讓她喜愛的地方。

09

# 安棠德木屋

## 舊酒廠員工宿舍變身和風小旅宿

**INFO**

**地址**：花蓮市中華路 144 號（花蓮文創園區第29~34 棟）

**電話**： 03-835-5811

**營業時間**：進房 14：00 後，退房 11：00 前

**費用**：一泊二食 2 人成行每人 4125 元起（含一晚住宿，早、午餐及文創園區文創體驗行程一次）

**網址**：www.facebook.com/AndanteHualien

走在有著石燈籠與竹圍籬的碎石小徑上，安棠德旅宿給予遊客的氣氛是絕對的和風，如同他們以此命名的最初概念，住在這裡，要放鬆心情，放慢腳步，才能享受最美好的度假時光。

去過花蓮文創園區的遊客，都會在大門看到原本是紅露酒廠舊時辦公廳的老建築，現在已經是安棠德（Andante）餐廳的所在地，這裡是國賓飯店落腳花蓮所經營的品牌，以花蓮或台灣在地食材做創意料理為主。

二〇一四年八月，國賓飯店繼續以安棠德的品牌，在文創園區造了和風民宿，用的是老酒廠之前的員工宿舍重新改造，木屋建築都是檜木建材，從第二十九～三十四棟，每一棟都是歷史，每一棟都有八〇年的光陰走過。

Andante 在樂曲當中代表的是行板的速度，每分鐘六十六

拍，緩慢優雅且不急躁，這樣的寓意，放在民宿裡最適合不過，設計者希望入住的旅客能享受放慢的步調，在沉靜的老屋裡，體驗典雅的日式氛圍。

## 十三棟木屋十三處純和風空間

這十三棟木屋小旅宿用竹籬隔開，保有各自的隱私，原建物在一九二八到一九三七年之間興建，主基調走日式和風，也符合的舊酒廠原本設於日治時期的年代。「棠」這個字有繁花盛開與綠意繁盛的意思，因此在房間命名上也多以花卉植栽為主，最大間的叫做「月棠」，其餘就是按照日本十二個月份的植物命名，包括有松、梅、櫻、藤、菖蒲、牡丹、荻、葦、菊、紅葉、柳、油桐等等，分別為二人、四人及六人房。當然，每間房舍庭院也會栽種與之相對應的植物，如果在三月入住櫻花房，就能推開窗，看到盛開的嫣紅櫻花了。

進入安棠德的房間，會以為自己走到了日本哪個溫泉會

所，大約十多坪的空間規畫了起居室、臥室及衛浴空間，地面平鋪的是帶有青草香氣的榻榻米，空間分隔是左右開的木製拉門，充滿古樸意味。

入住安棠德目前是採取一泊二食的模式，早餐可選西式或純日式風格，現烤魚搭味噌湯與小菜，在晨光下品味慵懶；晚餐可選主食搭配數道前菜、湯品及甜點，入口即化的牛肉或烤雞任君選擇，而巧克力舒芙蕾佐覆盆子醬香草冰淇淋的甜品，則是旅宿裡一抹最難忘的甜蜜。

ABOUT SCENERY

### 營造的綠意氛圍

安棠德小旅宿總共規劃了 13 間，特別聘請台北公館寶藏巖、台中市觀光綠園道的設計師操刀，在保留原建築的風貌之外，刻意在庭園植栽上花了不少心思，讓原本綠樹不多的文創園區憑添些許綠意與花香。

10

# 坲卡夏莊園

## 輕觸在微濕地上的幸福感

**INFO**

地址：花蓮縣壽豐鄉豐坪村東富街 256 號

電話：0963-808-069，聯絡時間 09：00 ～ 21：00

費用：莊園雙人房平日 4300 元、假日 5100 元、繽紛雙人房平日 3800 元、假日 4500 元、Gama 4 人房平日 6300 元、假日 6900 元

網址：www.gamamanor.tw

即便離雲山水只有三百公尺遠，坲卡夏的寧靜與舒適感一樣能讓人將遊客的喧囂隔絕在外，這裡有歐洲鄉居的優閒，有挑逗舌尖滿足的美味，值得住上一晚。

喬治溫斯頓《December》清冽靈巧的樂曲在腦海響起，是許多人第一眼看到坲卡夏莊園的印象，乾淨、無塵，遠方的中央山脈襯映著民宿投影在建築前方的水塘，還有一抹柔和如棉絮般的雲彩，像夢中仙境，絕美到令人屏氣凝神，所以，住過坲卡夏莊園的客人都會二次、三次回流，為忙碌的生活補充自然的能量。

## 沐浴在南歐風情之中

坲卡夏莊園是二個大男生K2以及大雄共同經營的田園鄉居，K2擅長料理，所以民宿的早餐、下午茶都出自於他的手藝，大雄負責為客人介紹莊園裡的點滴與故事，與

大家分享自在的閑居時光。民宿成立至今已經二年，原本是為了替家人尋找一個可以退休度假的據點，因為尚喜歡城市居住的便利性，於是乎，主人們的度假莊園就成為遊客旅行時可以落腳的住宿地點。

喜歡被綠意田園圍繞，所以坲卡夏在設計最初就以大片的庭園景觀作主軸，民宿建築只是其中之一，僅僅一層樓的平房上了鵝黃暖的色調，在藍天綠地之間，顯得更加舒暢，主人們不貪心，只規畫了三個房間，不過因為住房率太好，已經計畫在二〇一五年春增加二房，以滿足總是訂不到房的客人。

三個房間，三種味道，莊園房帶點英式鄉居的小清新，以木質地板鋪底，綠色與白色基調融合，起居沙發與墨綠地毯讓人有如置身林間，而白皙的床組寢具潔淨舒適，可以確定能在此擁一夜好眠。繽紛房型採用閣樓挑高設計，有別於莊園房的浪漫溫馨，這裡則多了一分俏皮與童趣。Gama 房可住四人，同樣是簡潔與優雅的風格，與莊園房一樣都有偌大的浴室，在這裡泡澡是一大享受。

## 令人驚豔的餐食

有K2在，坲卡夏的早餐無疑是令人嚮往及期待的，他喜愛料理，與大雄的結緣也是在烘焙課程中，對於美食，他有創意與想法，也捨得精研材料，所以民宿的客人總有機會吃到不一樣的美味。

善用在地食材與當令美味是民宿準備餐食的準則，所以，客人們會在英式三層盤上看到如花一般的糕點、輕食，有手工麵包，有健康三明治，也少不了有機歐姆蛋，有時，蛋品會有蒸蛋或是水波蛋的變化，而這些改變則是為了長住二、三日的客人設計。

蛋糕是K2的拿手絕活，這樣的美味僅服務給下午準時入住的客人，一份貼心的迎賓下午茶，有可能是覆盆莓果醬起司蛋糕，有可能是檸檬磅蛋糕，搭配的飲品有時是莊園現採的馬鞭花草茶，有時是現煮的純品咖啡，每一口都能感受主人在準備時的誠意。

民宿周邊有許多花蓮知名的景點值得去逛逛，老客人會選擇清晨坐在園子裡的木椅，靜靜欣賞著落羽松的姿態，還有觀察陽光在樹梢間移動的美景，體驗歲月靜好的時光，新客人則愛慢慢踱步到三百公尺遠的雲山水園區，走一走夢幻湖步道，不管哪一種模式，坲卡夏莊園給予的幸福感都是充足圓滿的。

ABOUT SCENERY

**準時赴約的美好甜點**

如藝術般的擺盤，令人食指大動的自製甜點，這些都只有提供給「準時入住」的客人享用的喔，獎勵守時的美好，果然讓人不願錯過一分一秒呀！

Chapter 6

# 伴手禮 好食帶著走

旅行的迷人之處除了賞美景、嚐美食，
若能隨手帶上好看好吃又體面的在地著名特產，
無論自用或送禮，
都會讓自己買的開心，送的有意義！

216
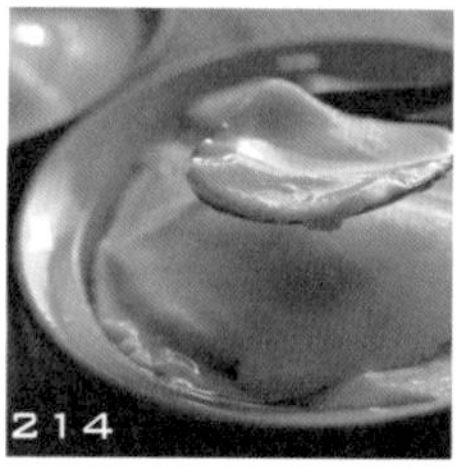
214

212

208

224

228

220

01

# 美好花生

## 手工炒花生粒粒皆美味

本篇圖片提供／美好花生

### INFO

地址：花蓮縣鳳林鎮中和路 142 號

電話：03-876-2373

營業時間：10：00 ～ 18：00

費用：台九號花生 80 ～ 130 元、花生醬 250 元
黑金剛花生 110 ～ 165 元

網址：goodeatss.wordpress.com

好東西透過有創意的包裝，再老牌的產品也能成為讓人趨之若鶩的珍貴寶物，美好花生就是一例。原本再傳統不過的鳳林鐘媽媽花生，因為第二代加入創意行銷，既保留了鳳林花生的好品質，也讓更多人知道，來到鳳林，記得帶上幾罐純手工炒製的美好花生。

鳳林，是花東縱谷裡的純樸的客家小鎮。這裡的名產除了校長外，就是粒粒飽滿的落花生。此起彼落的花生田曾是普遍的農村景致，一家老小在田裡滴著汗水收花生，然後在自家院子的空地曬花生，或是坐在走廊上和鄰居一邊剝殼一邊聊天。

儘管這樣的農村場景已經不多見了。但在約莫五年多前，梁郁倫與鐘順龍這對年輕的夫妻，兩人從台北遷移回家鄉，接手母親傳承的「鐘媽媽手工炒花生」小生意，

再加上文創的概念，重新包裝與開創花生產品，為自己的人生走出不一樣的方向。現在，只要是到鳳林的遊客，都不忘到中和街的小店鋪，買上幾罐手工炒花生或是花生醬當伴手禮。

為了要延續傳統的花生文化，讓原本從事藝術工作的梁郁倫吃足苦頭，一切從頭學起。農家媽媽視為理所當然的工作，對她來說卻是吃不消的體力與流不完的汗水。從去田裡瞭解花生生長過程、到跟小農收購花生，篩選花生、剝殼到分級，到最後的鹽炒花生更是工夫。此外，他們還得一邊學習申請公司、架部落格等，這一路走來沒有堅定的決心是無法完成的。

ABOUT FOOD

**無添加物的花生醬**

美好花生為了開創產品的多元性，目前研發出不添加任何東西的純天然的花生醬，計畫未來還要煮花生湯和花生豆花讓來店客人品嘗。

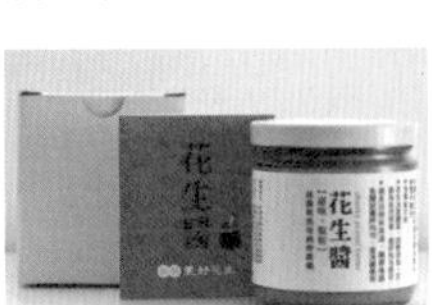

## 傳統花生用文創包裝走出一片天

美好花生的瓶罐設計帶有傳統文化的風格，原來這是源自鍾媽媽炒花生時代的標籤。梁郁倫表示，標籤上的牛車輪、牽牛花代表著古早花生園必有的景象，這是婆婆自己想出的設計，因為想傳承，所以就繼續保留。此外，為了開創產品的多元性，又研發不添加任何東西的純天然的花生醬，計畫未來還要煮花生湯和花生豆花讓來店客人品嘗。經過這幾年下來，這對夫妻已經脫胎換骨成為地道的農村人了。花生成為夫妻倆的小事業，雖然工作依舊辛苦但正常的作息，卻讓他們比在台北生活時更為自由。儘管不起眼的小店面，很難讓人聯想到販賣高品質的花生產品，但是一家人總是輪流在店內守候，隨時歡迎客人的到來。喝上一杯茶、吃上幾口花生，或是閒話家常幾句，再也平常不過的花生，卻讓人有滿滿的懷念滋味與親切感啊！

02

# 洄瀾薯道

## 有機番薯與芋頭打造的美味傳說

### INFO

地址：花蓮市中華路 145 號

電話：03-833-8899

營業時間：09：00 ～ 22：30

費用：土製炸彈 240 元，花蓮薯糬 260 元，手工花蓮薯 190 元

網址：www.since1938.com

一個花蓮土生土長的老闆，用家鄉種植的番薯、芋頭，創造出健康又安全的美味，除了固守原有的商品，也不斷創新研發，讓花蓮薯走出另外一片天地。

到了花蓮，什麼都可以不買，但是一定不能錯過花蓮薯，即便出了再多的特產，改良再多種口味，在老一輩人的回憶裡，有著可愛圓長外觀的花蓮薯，代表著花蓮過往的歲月。賣花蓮薯的商家滿大街開，但是洄瀾薯道堅持用花蓮無毒農作栽植出來的花蓮番薯製成的花蓮薯，卻受到很多人的支持，用蒸熟的番薯以手工去皮再高溫烘烤，然後呈現金黃色澤嘗起來香甜綿密的味道，難怪是花蓮必買。

洄瀾薯道在堅持傳統商品的同時也會研發新的品項，譬如土製炸彈、譬如花蓮薯糬，甚至在中秋特定節日還會推出如：曉月餅與紫心薯蛋黃酥的應景商品。土製炸彈是用黃金薯（黃心地瓜）與紫心薯（紫心地瓜）兩種食材，搭配松子、核桃、腰果、南瓜子、芝麻、杏仁等多樣堅果烘製而成的創新糕餅，因為用了天然海藻糖，所以甜而不膩，入口的感覺也是酥爽脆；花蓮薯糬其實就是黃金薯、紫心薯頭與麻糬的完美搭配，一口可以嘗遍花蓮的知名特產。

ABOUT FOOD

**因應時節潮流的產品**

洄瀾薯道會依時節或潮流推出新產品，如同前陣子超商霜淇淋大戰開打，商家也很應景的推出以黃金薯、紫心薯 2 種口味的霜淇淋，具備高纖、低糖、低熱量的特色，霜淇淋上還會撒上一層漂亮的紫心薯粉，搭配脆的薯餅，也是經過路過不可錯過的在地好物。

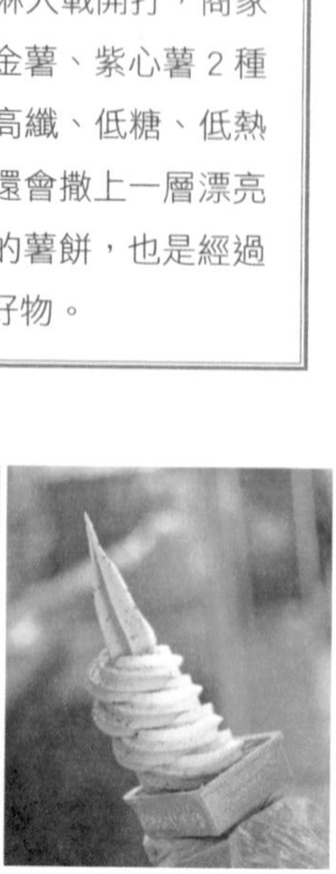
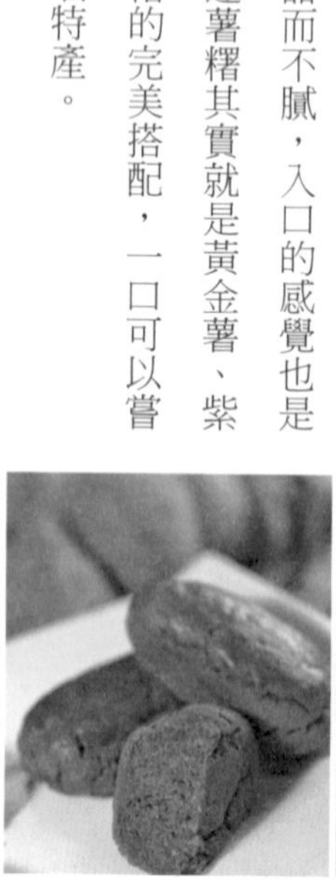
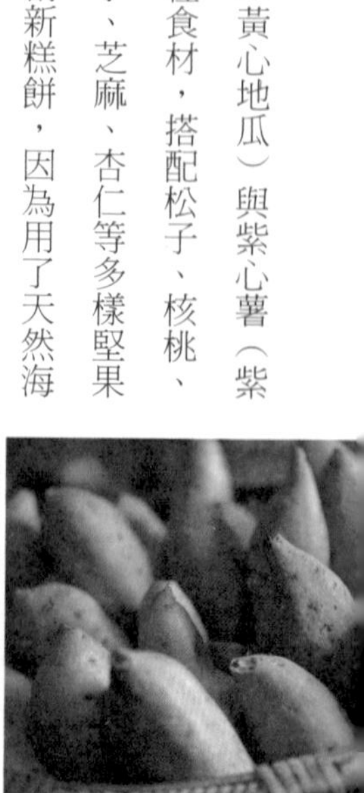

03

# 味萬田

## 花蓮好水做出好吃豆漿與豆腐

**INFO**

地址：花蓮縣壽豐鄉大同路 1 號

電話：03-865-1918

營業時間：09：00 ～ 17：00，週五休

費用：有機豆漿 80 元、有機豆腐 40 元、有機原味豆干 75 元、有機香滷豆干 85 元起、有機傳統豆花 90 元

網址：www.mimanten.com

捨棄傳統的木板改用鐵板替代，味萬田做豆腐的過程總是堅持無菌與保鮮，多家的有機商店都會進味萬田的商品，代表客人對於這個品牌的認可，而坐落於花蓮壽豐的工廠則讓人有機會看到生產空間的乾淨與安心。

因為吃素，味萬田的老闆魏明毅（好朋友習慣叫他英文名 Peter）餐桌上最常見的就是各種豆製品，但市面上的豆製品為了延長存放時間，總擺脫不了防腐劑，所以，Peter 跟朋友決定自己做豆製品，發現花蓮的水質屬於弱鹼性，容易讓黃豆釋出更多蛋白質，於是帶著一家大小，從西部跨到東部，落腳花蓮壽豐，成為島內移民族群的一員，一路走來也過了七個年頭了。

味萬田的產品不多，但都是有機製作，有機豆漿、有機豆腐、有機豆干，以及有機豆花，而製作的原材料黃豆，都是從加拿大、美國進口的有機黃豆，品質認證，安全健康。製作工廠位在中央山脈與海岸山脈之間的秀麗田園之間，這原本是退輔會做醬油的工廠，現在則是客人們暢遊花蓮時，一定要順手帶回家的豆製品伴手好禮。

即便家家戶戶都有本事自己做上一鍋豆漿，喝過味萬田的豆漿之後才明白，專業與業餘的差別在哪裡，味萬田的豆漿多點濃稠，多點淡淡的豆香，還有滑順口感，低糖與無糖兩種口味都不錯，端看個人喜好購買。豆干有原味跟香滷兩種，想要馬上吃的話，立馬帶走香滷豆干準沒錯。雖然台灣現在有不少商店可以購買味萬田的產品，但如果經過花蓮，可拐個彎去他們的工廠看看，記得自備冰桶，才能保證漫長車程裡，這些美味的新鮮度。

ABOUT FOOD

### 好吃到常缺貨的豆花

味萬田產品中被稱為級品的豆花，由於吃在嘴裡的感受如同絲緞接觸肌膚的輕柔，所以相當受歡迎，也因此常常缺貨，但只要嘗過之後就很難讓人忘記。

04

# 百年傳奇

## 千錘百鍊重現花蓮古早好味道

**INFO**

地址：花蓮市中華路 95 號

電話：03-832-2031

營業時間：09：00～22：00

費用：巧克力沙其馬 200 元（10 入）、黃金比例花生酥 100 元起、海之卷麻花 70 元、舞鶴三月柚花茶 360 元

網址：www.tw100years.com

這是一間專賣花蓮美味的特產店，但，又不是一間很制式化的特產店，從店門口看，深具文創風格的空間設計，會讓人以為走進一間專賣手創好物的商品店家，柔和的燈光，精緻的商品包裝，特殊字體的商店LOGO，還有親切好禮服務人員，不用看賣得什麼商品，光第一眼就讓人想一探究竟，而這間店有個大器的名字，叫做——百年傳奇。

百年傳奇不絕對代表這家店開了一百年，而是店裡主打的商品都是近百年品牌的老店所出，譬如有九十多年歷史的官老爹手工麻花捲，譬如傳承了三代的舞鶴清風茶行，以及滿清貴族都稱讚的吳府其馬舖，七家店，七個品牌，老闆賴鎮宇賴總要做的就是讓大家再度認識真正的花蓮老味道。

原本是活躍的科技人，賴總為了就近照顧在花蓮老家的父母，放棄高昂收入，把重心移轉到後山花蓮，有感於兒時記憶中的傳統美味逐漸消失，毅然決然要把老字號的在地特產，用時尚的行銷包裝再次推出呈現在大眾面前，所以他親自與老店洽談，透過他們的傳統製法讓古早的點心有新口味、新風貌，所以，每一個品牌的特性在賴鎮宇的心中一清二楚，儼然是老店們的品牌顧問，跟老店的每一位成員也如同朋友一樣，是可以搭肩聊天喝茶的好朋友。

## 自創沙其馬，巧喻慈禧也會愛

與老店的合作模式有兩種，一是原有產品做新包裝，例如舞鶴清風茶行很

知名的三月柚花茶與蜜香紅茶，在百年傳奇的設計團隊規畫下，有了時尚潮流的包裝，甚至還有精緻的禮盒，再來是與老店家一起研發新產品新口味，例如官老爹的原味麻花捲，在百年傳奇的門市就有獨賣口味—芥茉、牛奶以及加了海藻的海之卷。

受到老店的薰陶，百年傳奇也開始研發自有產品，近期強推的就是巧克力沙其馬，沙其馬是清代貴族的小點心，據說有一位姓愛新覺羅的客人在百年傳奇吃到吳府的沙其馬驚為天人，直說口味堪比兒時所吃，這樣的機緣讓賴總將自家的產品定調為慈禧的遺憾，連太后都遺憾吃

不到的點心可見多美味了。

聊起自家的產品，賴總不脫美食專業達人的本事，巧克力沙其馬不僅請到專業的點心職人製作，材料方面力求精美，使用百分之八十七的純巧克力，搭配自加油炸得酥脆的沙其馬脆麵條，用手勁融合巧克力與麵條使其每一口都有甜脆感，再以特製的刀柄切塊，據說是偷師湯家花生糖的作法，一塊塊吃起來卡茲爽脆的巧克力沙其馬就這樣產生。因為堅持手工製，所以商品產量少，幾乎一上架就賣光，想要嘗鮮的客人記得請早。

ABOUT FOOD

### 完美主義之下的黃金比例——花生酥

湯總的完美主義的精神就是為了將產品盡善盡美的傳交到消費者的手中，所以在每一次的溝通只為了絕對美味的展現。店裡的熱銷產品黃金比例花生酥，就是賴總跟湯家花生糖老闆湯老一起構想，歷經三千次的研發才有如今的口感，用的是花蓮新城北浦沙地生長的九號花生，用 9.5 的花生與 0.5 的麥芽糖比例製作，千錘百鍊才有入口的酥香。

05

# 官老爹手工小麻花

## 牽引花蓮三代人的美味點心

**INFO**

| | |
|---|---|
| **地址**：花蓮市中正路 105 號 | |
| **電話**：03-835-1689 | |
| **營業時間**：08：00～20：00 | |
| **費用**：小麻花 60 元、沙琪瑪 100 元、蜜麻花 100 元 | |

回憶中難忘的口味，有時是支撐一家老店延續數十年、甚至是百年的主要原因，如同官老爹僅僅以一味麻花，就占據了花蓮人祖孫三代的近百年味蕾，到了花蓮的遊客怎能錯過這樣的經典伴手禮呢。

一條條如鉛筆般粗長的墨綠色麵條，整齊的排列在官老爹門市後方的木製工作檯上，第二代的官大叔與官大嬸手勢靈巧的將這些串串麵條捲成了螺旋狀，一個個可愛的綠藻口為麻花捲半成品完成，準備等會兒下油鍋好好的爽脆一下，這是官老爹手工麻花捲為百年傳奇門市獨家製作的海之捲麻花，搶手程度從甫一上架便被購買一空可以得見。

與百年傳奇的合作是官老爹品牌的另一個新的行銷模式，藉由不同的通路讓更多人可以知道，自家出產的伴手點心是怎樣的美味迷人以及念念不忘。官老爹是新竹北埔人，少年時期就隻身一人到了花蓮，跟著擁有製作傳統麻花點心手藝的舅舅學習，那時是民國十一年，花蓮沒有麻糬，沒有鳳梨酥，只有麻花以及羊羹這類的點心。學了完整的手藝，官老爹把手工作的麻花捲挨家挨戶推銷販賣，因為吃起來香酥爽脆，累積了人氣，七十多年前有了官老爹這個品牌，也開了門市，而獨身一人的老爹也取妻生子有了兒孫，他把一身的好手藝傳給了兒子，孫子也在這兩年接手，繼續把官家的經典麻花味道傳遞下去。

## 堅持手工製作九十多年如一日

官家在花蓮中正路上的門市招牌有老爹慈祥面相的照片，這是他在八十八歲時候的影像，渲染了歲月風華，雖然老人家已經在去年仙逝，但手工小麻花的製作被兒子完整的接手，讓大家依舊能品嘗著麻花的好滋味。官家的門市僅僅中正路一處，這也是自家的老宅，前方是賣店，後方是小工廠，舉凡和麵、揉麵團、塑型乃至於下鍋油炸都在此進行。

除了攪拌麵團這個工序需要藉助機器以外，官家的麻花都是手工製作，官大叔每天透早五點就要起來準備，炸麻花的時候更要全程監看，這一步驟攸關麻花是否好吃的關鍵，馬虎不得，根據官大嬸回憶，以前沒有瓦斯的時候，官大叔還是用木柴升火溫油鍋油炸，那時更辛苦更需要全神貫注，透過高溫脫水讓麻花展現最佳的口感，難怪官家的麻花每一塊都具有百分百完美的脆度與香氣。

與百年傳奇合作的麻花口味僅有三種，而要想吃到原味、黑糖以及咖哩、草莓等麻花捲就得來官家的門市購買，印象中的傳統麻花是型狀較大，添加了白糖霜的辮子型麻花，吃起來真的不黏牙，而近幾年深受歡迎的精巧手工小麻花較受觀光客喜愛，是送禮不錯的選擇，當然傳統口味還有甜滋滋的蜜麻花，脆度更上一層，小小挑戰牙口。除了麻花點心，店裡也有沙琪瑪，種類雖然不多，但是每一樣都代表著花蓮六十年代的老口味，值得體驗與享受。

ABOUT FOOD

### 官家門市才買得到的好味道

美味的手工麻花有許多不同的口味，但若鍾情於原味、黑糖或咖哩及草莓的麻花捲，就得親自上官家門市一趟，才能享受到這手工溫度的好滋味！

不一樣的伴手禮
七十年老店．創新口感
官老爹
手工小麻花
小麻花/蜜麻花/沙淇瑪/月餅
中秋限定
官老爹手工小麻花

官老爹
手工小麻花

06

# 清風茶行

## 家族三代延續舞鶴老茶香

**INFO**

**地址**：花蓮縣瑞穗鄉舞鶴村中正南路二段 76 號之 3

**電話**：03- 887-2710

**營業時間**：08：00 ～ 22：00

**費用**：蜜香紅茶 600 元（半斤）、保柚茶 300 元

每逢製茶的時候，清風茶行製茶廠周圍總會飄散著淡淡清香，有時是清綠茶葉揉碾時逸跳出的味道，有時是進入烘焙機裡，經過溫度薰陶後的醇香，不管那一種，總會牢牢的攀附著記憶中的味蕾芯片，然後纏繞，繼而迫不及待的想品上一口清冽茶香。

清風茶行是瑞穗鄉舞鶴地區經營了近七十年時光的老茶行，第一代主人謝清風老先生在六十多年前隻身從彰化越過中央山脈，來到這片花蓮淨土，那時舞鶴的茶還沒有種植的蹤影，謝老先生從鳳梨、樹薯等作物開始農作，因為對土壤與氣候的不熟悉，農作物栽培不易，讓老先生一家幾乎對未來失去信心，直到民國六十二年，藉著農民廳的協助，開始了在舞鶴種茶的嘗試，而這處位在北回歸線上的台地，不僅是栽種咖啡的好地方，更是生產良質茶葉的優質地，幾十年下來，清風茶行做好茶的手藝遠近知名，這項家族產業也從老先生的手裡傳承到

了第二代，第三代，高齡已經九十多歲的謝清風兩手甩甩，日日做老太爺享福去了。

茶廠就在門市的隔壁，這裡是謝家的老宅，雙拼連棟的水泥建築，一樓左側室門市，右側是茶廠，老客人挑茶的時候會左右兩邊跑，聞聞茶香，品品好茶，當然，親切熱情的謝家人也會以一杯杯好茶招待第一次拜訪的新客人，在夏季暑熱的時節造訪清風茶行，或許會有杯蜜香紅茶做的冷泡茶招待，清涼順口，絲絲感受主人的善意。

## 挑茶梗談天地凝聚家族情誼

傳統產業一直不容易找到家族繼承人，而清風茶行能順利延續到第三代謝茗遠的手上，讓人更覺得這間茶行有值得讓人感動的地方，全台灣大概再也找不到一家老茶行，能看到三代家人一起圍坐著挑茶葉梗的畫面，這樣的景象在清風茶行卻是稀鬆平常，謝老太太總會在農忙時，帶著兒子、媳婦、孫子圍著一個大竹篩挑茶梗，說是工作，其實挑挑撿撿中的談天說地，更能凝聚家人的感情，據說曾經有全家十五個人一起挑茶梗的「盛況」出現，光想那樣的畫面就

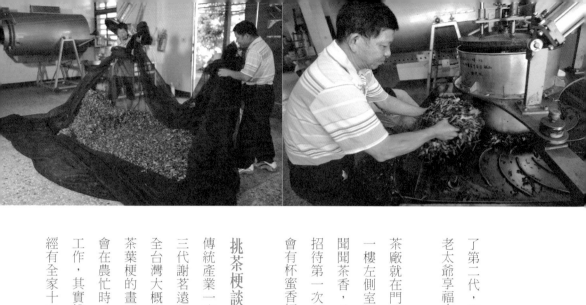

十足溫馨與令人羨慕。

在這裡可以買到各種好茶，包括春秋兩季的高山茶種，或是口味清香的金萱、翠玉，想喝哪種茶，看各人喜好，目前最炙手可熱的茶種，除了柚花茶，另外一種就是蜜香紅茶，有別於阿薩姆茶種做出來的紅茶，以大葉烏龍栽製出的蜜香紅茶更符合現代人喝茶的習慣，經過滾水衝擊出來的蜜香味道沁人心脾，也是茶行的熱門產品。

買好茶，看中的是茶行主人對於製茶的專注與堅持，清風茶行秉持著第一代主人做好自己分內事，才能分享好產品的精神，為茶行的品質定調，因此得到了絕佳的商譽，也讓大家有機會喝到良心與誠意做出來的優質茶。

ROCOM-
MEND

**大葉烏龍＋柚花＝**
**無與倫比的美麗**

目前茶行現在最搶手的柚花茶，這可是店家細心的運用大葉烏龍茶搭配三月鮮採的柚花一起烘製的茶葉，初聞有淡淡的柚花香，入口可品嘗到一絲絲苦乾味。

07

# 鳳梨灣

## 尋找記憶中土鳳梨的酸甜滋味

### INFO

地址：花蓮市中華路 111 號

電話：03-836-0777

營業時間：09：00～22：30

費用：原味土鳳梨酥、芒果鳳梨酥、剝皮辣椒鳳梨酥、桂圓鳳梨酥、紅酒荔枝鳳梨酥 200 元（6 入），300 元（9 入）

網址：www.funny111.com.tw

用鳳梨作內餡的原味鳳梨酥已經不稀奇了，在鳳梨灣，最讓客人津津樂道的是剝皮辣椒口味的鳳梨酥，是混合了紅酒荔枝的鳳梨酥，前者是酸甜辣同時瀰漫在口中的奇異滋味，後者帶有酒香醇韻的微醺感受，都是造訪花蓮值得一探究竟的在地美味。

不知道什麼時候開始，鳳梨酥的行情熱門到從家中供桌上的供品、小兒貪甜時的零嘴，成為大陸同胞暢遊台灣之時，一定要買的土特產，一家、二家的糕餅店除了大餅之外，一定也會有鳳梨酥的蹤影，這種現象或許是市場供需所形成，但不可否認，這種一口咬入同時可以嘗到皮酥爽脆以及糖餡香蜜點心，從很早以前，就是台灣人特愛攜帶的丹路（伴手禮）了，而遠在太平洋岸的花蓮，鳳梨灣這家糕餅店，也以自己的製作方式，展現不一樣的台灣鳳梨酥滋味。

鳳梨灣這店名取的實在且契合，老闆劉瑞琪也同時是知名特產店洄瀾薯道的業主，雖然開始以鳳梨酥為主打產品販賣的糕餅特產店不像洄瀾薯道那樣多年，但在產品的製作上，還是有相對的堅持與獨有的特色。譬如說，用的內餡是花蓮在地產的土鳳梨，也譬如說，酥脆的外皮還特地加上了花蓮生產的紫心薯搭配，所以每拆開一個包裝，就能看到方正的鳳梨酥上，那一點點吸睛的紫色顆粒。

本頁圖片提供／鳳梨灣

## 花蓮在地產土鳳梨作內餡

店裡的鳳梨酥內餡，用的是花蓮富興村鳳梨農家栽種的一號土鳳梨，這是老闆千挑萬選的契作農家，應選當季盛產，經過削皮、攪拌、熬煮後再加入些許冬瓜糖混合製作，酸甜適中，有土鳳梨的香，如同那孩提時代無法忘記的回憶。其實很早以前，大部分糕餅店的鳳梨酥內餡用的是冬瓜糖，與鳳梨沒有任何關係，頂多會摻上一些鳳梨醬，讓冬瓜替鳳梨背了這麼一陣子的名聲，近幾年因為鳳梨酥聲名大噪，店家不好張冠李戴，逐漸的研習起用鳳梨作內餡的方法，口感還真的不錯。

鳳梨灣的鳳梨酥用大比例的土鳳梨搭配小比例的冬瓜糖做內餡，除了保留濃郁的鳳梨果香，冬瓜糖也有凝結鳳梨餡使之不散開的作用，而刻意保留的鳳梨肉吃起來更有口感，絲絲纖維入嘴輕巧彈脆，也展現了獨特之處。

原味鳳梨酥是店內的招牌，看來遊客們還是最愛這一味古早風，不過喜歡東研發、西研發的老闆也沒讓土鳳梨太孤單，前前後後推出了芒果、剝皮辣椒、小米酒桂圓、紅酒荔枝等十數種複合方內餡，喜歡嘗鮮的旅客總是人手一袋，最讓人好奇的當然是剝皮辣椒與鳳梨的契合度，箇中滋味非常特別，有興趣的不妨買來吃看看。

ABOUT FOOD

**推陳出新的驚豔口味**

如果你是個味覺不甘於寂寞的人，那麼絕對要嘗嘗老闆特別用心，不斷研發出不同複合方內餡的鳳梨酥，如：酒桂圓、剝皮辣椒、紅酒荔枝…以不同層次的口感來挑動你的味蕾。

圖片提供／鳳梨灣

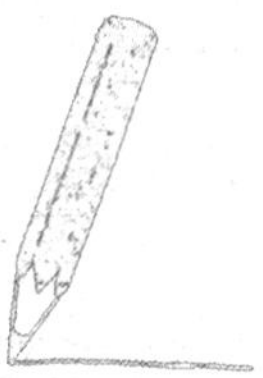

# 行程建議

## 5條主題路線愛上花蓮

暫離城市的喧囂，輕踏在慢活的節奏中，
隨性的瀏覽自然美景、欣賞老宅空間、
大啖巷弄美食、入住風格旅店，
再隨手將當地名產帶進行囊中，
來一場滿載而歸的輕旅行！

# 行程建議



## 路線一 美味小吃飽透透

### DAY 1

- 榕樹下麵店（早餐）
- 廟口紅茶
- 九福餡餅粥（午餐）
- 珈琲鋪子
- 花蓮創意文化園區
- 海埔蚵仔煎（晚餐）
- 摩利東山鴨頭（宵夜）
- （住宿）

### DAY 2

- 花蓮天晴・Home青年民宿
- 七星柴魚博物館
- 花朵木餐廳
- 咖啡月
- 老材房飯麵水餃館（午餐）
- 周家蒸餃
- 百年傳奇（買伴手禮）
- 歸途

## 路線二 鬼斧神工峽谷行

### DAY 1

- 綠水合流步道
- 天祥遊憩區
- 西寶國小
- 布洛灣遊憩區（午餐）
- 花蓮創意文化園區
- 立德布洛灣山月邨
- 摩利東山鴨頭（住宿＋晚餐）

### DAY 2

- 山月邨園區漫步
- 白楊步道
- 燕子口
- 九曲洞
- 藍藍海鮮飲食餐廳（午餐）
- 佳興冰果室
- 歸途

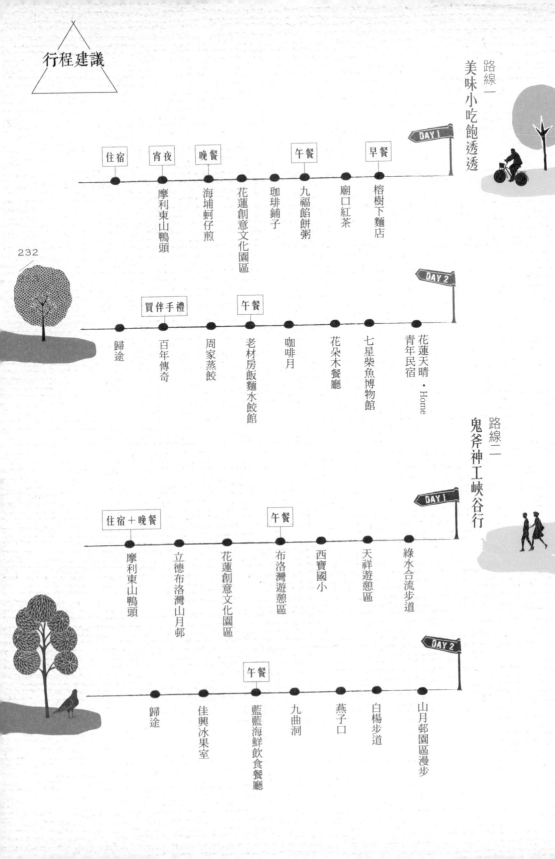

## 路線三　湖光山色田園遊

**DAY 1**

住宿 — 午餐

- 吉安單車道
- 鯉魚潭
- 迷路私宅料理　午餐
- 豐田社區巡遊：豐田文物館、碧蓮寺
- 豐春冰菓店
- 埔卡夏莊園　住宿

**DAY 2**

- 埔卡夏莊園
- 雲山水
- 林田山林業文化園區
- 阿妹豬腳　午餐
- 碧赫潭
- 歸途

## 路線四　縱谷美景騎乘樂

**DAY 1**

住宿 — 午餐

- 鳳林菸樓文化聚落
- 校長夢工廠
- 月廬梅子雞　午餐
- 大農大富平地森林園區自行車道
- 富源火車站
- 梯田山或花見幸福莊園　住宿

**DAY 2**

買伴手禮 — 午餐

- 梯田山或花見幸福莊園
- 吉安楓林步道
- 慶修院
- 松賀家料理　午餐
- 阿之寶手創館
- 鳳梨灣、官老爹手工小麻花　買伴手禮
- 歸途

## 路線五　花蓮市老屋品味文創風

**DAY 1**

住宿 — 晚餐 — 午餐

- 松園別館
- 將軍府
- 瑪丁娜印度小館　午餐
- 郭子究音樂文化館
- 花蓮鐵道文化園區
- Giocare 義式。手沖咖啡
- 米噹烤肉　晚餐
- 海傳或松海與花　住宿

**DAY 2**

午餐

- 海傳或松海與花
- 松海與花
- 奇萊鼻燈塔
- 向日廣場
- SALT LICK 火車頭道地美式烤肉屋　午餐
- 邊境法法式點心坊
- 歸途

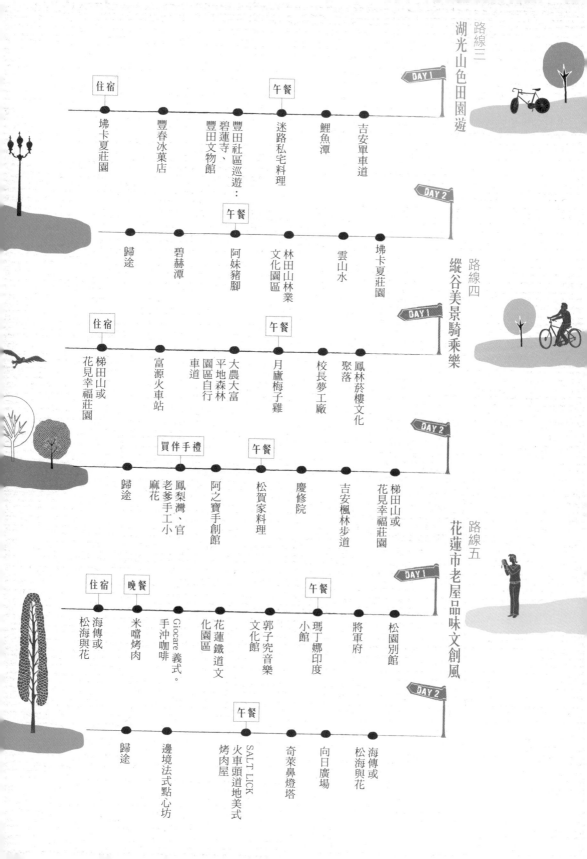

# APPENDIX 附錄 — 景點地區索引

## 花蓮市

200 **埔卡夏莊園**
花蓮縣壽豐鄉豐坪村東富街 256 號

214 **味萬田**
花蓮縣壽豐鄉大同路 1 號

## 鳳林鎮

060 **林田山林業文化園區**
花蓮縣鳳林鎮森榮里林森路 20 號

148 **校長夢工廠**
花蓮縣鳳林鎮民生街 16 號

150 **鳳林菸樓文化聚落**
花蓮縣鳳林鎮大榮二路 30 號

208 **美好花生**
花蓮縣鳳林鎮中和路 142 號

## 萬榮鄉

084 **碧赫潭**
花蓮縣萬榮鄉明利村 85-1 號

## 光復鄉

068 **大農大富平地森林園區自行車道**
花蓮縣光復鄉大富村

120 **大和阿嬤冰仔店**
花蓮縣光復鄉大富村明德路 21 號

## 瑞穗鄉

224 **清風茶行**
花蓮縣瑞穗鄉舞鶴村中正南路二段 76 號之 3

## 富里鄉

072 **新東里車站**
花蓮縣富里鄉東里村大莊路 15-6 號

080 **羅山有機村**
花蓮縣富里鄉羅山村 2 鄰 58 號

184 **松海與花**
花蓮市水源街 75 號

220 **官老爹手工小麻花**
花蓮市中正路 105 號

## 秀林鄉

064 **綠水合流步道**
花蓮縣秀林鄉富世村天祥 22-3 號（天祥管理站）

086 **天祥西寶國小**
花蓮縣秀林鄉富世村西寶 11 號

172 **立德布洛灣山月邨**
花蓮縣秀林鄉富世村 231-1 號

## 新城鄉

102 **佳興冰果室**
花蓮縣新城鄉新城村博愛路 22 號

## 吉安鄉

044 **松賀家料理**
花蓮縣吉安鄉昌隆二街 173 號

130 **慶修院**
花蓮縣吉安鄉中興路 345-1 號

182 **花見幸福莊園**
花蓮縣吉安鄉中山路三段 851 號

## 壽豐鄉

048 **迷路私宅料理**
花蓮縣壽豐鄉豐裡村四維路 68 號

076 **雲山水**
花蓮縣壽豐鄉豐坪路二段 2 巷 201 弄 18 號

110 **豐春冰菓店**
花蓮縣壽豐鄉壽豐村壽豐路一段 79 號

178 **梯田山**
花蓮縣壽豐鄉山邊路二段 83 巷 12 號

190 **噗嚨共**
花蓮縣壽豐鄉志學村忠孝 147 號